SV

Sonderdruck
edition suhrkamp

David Van Reybroucks monumentale Studie *Kongo* wurde von der Kritik als »Jahrhundertbuch« (*Spiegel Online*) gefeiert. Zu diesem mitreißenden »Gesellschaftsroman« (*Der Tagesspiegel*) verhält sich sein neuer Essay wie eine hinreißende Geschichtsnovelle. Im Mittelpunkt steht Neutral-Moresnet, eine Mikronation zwischen den Niederlanden bzw. Belgien und Preußen bzw. dem Deutschen Reich, die von 1816 bis 1919 Bestand hatte. Schon die wechselnden Namen der Nachbarstaaten erinnern an die kriegerische Vergangenheit des Kontinents.
Van Reybrouck erzählt die Geschichte des knapp vier Quadratkilometer umfassenden Territoriums und entfaltet daraus ein europäisches Panorama, in dem es um die Bewohner geht und um große Industrie (Neutral-Moresnet lebte vor allem vom Abbau eines Zinkerzes), um Krieg, aber auch um Völkerverständigung. So gab es Anfang des 20. Jahrhunderts Pläne, die Mikronation zu einem Esperanto-Staat zu machen. Als Name war »Amikejo« im Gespräch – »Ort der Freundschaft«.
David Van Reybrouck, geboren 1971 in Brügge, ist Schriftsteller, Dramatiker, Journalist, Archäologe und Historiker. Sein Buch *Kongo. Eine Geschichte* ist ein internationaler Bestseller und wurde 2012 mit dem NDR Kultur Sachbuchpreis ausgezeichnet. In Deutschland erschien zuletzt sein Buch *Gegen Wahlen. Warum Abstimmen nicht demokratisch ist* (Wallstein 2016).

David Van Reybrouck

Zink

Aus dem Niederländischen
von Waltraud Hüsmert

Suhrkamp

Das niederländische Original erschien 2016 als Boekenweek-essay. Es wurde von der Stichting Collectieve Propaganda van het Nederlandse Boek herausgegeben und vom Verlag De Bezige Bij (Amsterdam) produziert.

Erste Auflage 2017
edition suhrkamp
Sonderdruck
Deutsche Erstausgabe

Umschlagabbildung: Agata Gładykowska
Druck: Druckhaus Nomos, Sinzheim
Umschlag gestaltet nach einem Konzept von Willy Fleckhaus: Rolf Staudt
Printed in Germany
ISBN 978-3-518-07290-5

Zink

Drei Wochen vor meiner Geburt starb ein Mann von achtundsechzig Jahren, der in den letzten zwei Jahrzehnten seines Lebens hauptsächlich am Fenster gesessen hatte. Hustend, röchelnd, rauchend. Seine Pfeife verbrannte mehr Streichhölzer als Tabak. Geduldig und freundlich schälte er Kartoffeln und schnitt Porree. Es war im Sommer 1971, im äußersten Osten Belgiens, dem deutschsprachigen Gebiet. »Ich sehe ihn noch da sitzen«, sagt Betty, eine seiner Töchter, »dort in der Ecke.« Sie zeigt auf einen Stuhl am Fenster. Betty und drei ihrer älteren Brüder wohnen nach wie vor im elterlichen Haus. Wir sitzen alle zusammen im Wohnzimmer, ich mit einem Notizbuch auf dem Schoß. »In den letzten Jahren ging er nicht mehr aus dem Haus. Ich kannte ihn nie anders als mit Atembeschwerden«, sagt sie. Die drei grauhaarigen Brüder nicken.

Eine langwierige Krankheit, ein sitzendes Dasein, relativ jung verstorben – das scheint nicht auf ein besonders ereignisreiches Leben hinzudeuten. Aber ich habe inzwischen gelernt, dass die letzten Jahre eines Menschen oft wenig über das Leben aussagen, das er vorher geführt hat. Sanftmütige alte Leute können manchmal jahrzehntelang unausstehliche Personen gewesen sein. Bei herzlichen Menschen kommt das Genörgel oft mit den Jahren. Und Selbstmord folgt manchmal auf ein Leben voller Überschwang.

Selten jedoch war der Kontrast größer als bei diesem früh verbrauchten Mann. Innerhalb weniger Stunden in dem stillen Haus erfuhr ich, dass er nicht nur elf Kinder, sondern auch fünf Staatsangehörigkeiten und zwei Identitäten gehabt hatte. Ein sehr bewegtes und dabei alles andere als rosiges Leben. »Mein Leben war von Anfang an ein Leidensweg«, steht auf der Todesanzeige, die seine Tochter für mich fotokopiert. Es gibt Menschen, in deren Körper die Geschichte so viele Linien zieht, kratzt und kerbt, dass still dasitzen, sobald es möglich ist, die einzige Wahl sein kann. Nach dem Wirrwarr wohltuende Ruhe – oder jedenfalls die Sehnsucht danach.

Aber wo beginnen?

Es beginnt mit Knöpfen, stelle ich mir vor, feinen schwarzen Knöpfen, dicht aneinandergereiht, der Reißverschluss ist noch nicht erfunden, Knöpfe, die sich heben im Tempo ihres hektischen Atmens, hoch in der Brust. Was durchfährt sie? Verlangen, Erschrecken oder die insgeheime Lust, die Erschrecken manchmal gewähren kann? Die dunkle Erregung, weil eine Grenze überschritten wird? Knöpfe ihres Korsetts, in dem sie morgens noch die Zimmer geputzt und mittags die Suppe aus der Terrine serviert hat und dabei seinen Blick spürte. Das Silberbesteck auf dem Damasttischtuch. Das Klirren der Gläser. Knöpfe, die seine gepflegten Finger nun unbeirrbar nacheinander öffnen. Er macht das nicht zum ersten Mal, das merkt sie sofort. Düsseldorf, Mai 1902. Das 19. Jahrhundert ist noch in vollem Gang. Er ist ein Fabrikant, sie ein Dienstmädchen. Sie stammt aus Rheydt in der Nähe von Mönchengladbach. Sie ist nach Düsseldorf gezogen, wie so viele. Dort gibt es Arbeit. Die Stadt ist in kurzer Zeit aus allen Nähten geplatzt: von 35 000 Einwohnern im Jahr 1840 auf 213 000 im Jahr 1900. Die Industrie läuft auf vollen Touren: Stahl, Textilien, Maschinenbau. Sie heißt Maria Rixen und ist ledig. Von ihm wissen wir nur den Familiennamen: Hütten. Schwarze Knöpfe, seine Finger, Knopf für Knopf. Es darf, kann und sollte nicht sein. Und es passiert doch.

Oder eher noch, es beginnt viel früher. Vielleicht beginnt es ja schon, als der beleibte Arzt und Alchimist aus der Schweiz, der launenhafte Besserwisser, der sich den Namen Paracelsus zulegte, im Jahr 1526 aufmerksam die silberweißen Ablagerungen im Inneren eines Schmelzofens betrachtet. Seit mindestens fünfzehn Jahrhunderten herrscht der Glaube, dass es nur sieben Metalle gibt – Gold, Silber, Kupfer, Eisen, Zinn, Blei und Quecksilber –, aber vielleicht existieren ja noch mehr. Vielleicht hatten die Klassiker ja unrecht. Vielleicht ist diese feine Pulverschicht, die aus vermahlenen und erhitzten Galmeisteinen stammt, ja mehr als der Farbstoff, den wir schon seit Jahrhunderten mit Kupfererz vermischen, um »Gelbkupfer« zu erhalten, Messing, zum Verfertigen von Kerzenleuchtern, Weihrauchgefäßen und Münzen. Vielleicht ist es ja ebenfalls ein Metall. Paracelsus studiert die Ablagerungen im Schmelzofen. Man wird ihm bestimmt wieder nicht glauben, er hat sich allmählich daran gewöhnt, als gefährlichster Narr Europas bloßgestellt zu werden. An sehr vielen Orten ist er nicht mehr willkommen. Er sieht, wie spitz die Kristalle sind, und denkt an deutsche Wörter, denn Wahrheit besteht auch außerhalb des Lateinischen, Wörter wie *Zahn, Zacke, Zind, Zinne, Zinken*, Hauptsache, sie verweisen auf das Spitze. *Zink*, beschließt er, so soll es heißen. Das Wort wird in alle Sprachen der Welt übernommen werden.

Es ist leicht, lässt sich ohne große Mühe bearbeiten und rostet nicht. Wer hat jemals von so etwas gehört, ein Metall, das nicht rostet? Ja, Gold rostet auch nicht, doch das ist unbezahlbar, Zink hingegen ist spottbillig. Es ist ja auch kein Edelmetall. Bei niedrigen Temperaturen ist es brüchig, aber erhitzt man es kurz auf um die 120 Grad, lässt es sich verformen, plätten, ziehen oder walzen. Absonderlich. Diese Eigenschaft hat freilich einen großen Nachteil: Es verdampft schnell, schon bei 907 Grad

Celsius. Im Vergleich zu anderen Metallen ist das etwa Zimmertemperatur. Silber verdampft erst bei 2 162 Grad, Kupfer bei 2 562, Eisen bei 2 862 und Gold bei 2 970. Gerade deshalb haben Schmiede und Gelehrte es jahrhundertelang übersehen: Zu dem Zeitpunkt, an dem der Ofen richtig heiß war, war das Zink längst verflogen und mit dem Rest der Verbrennungsgase abtransportiert worden. Paracelsus bekam recht, es war tatsächlich ein Metall, aber es sollte bis zum 18. Jahrhundert dauern, ehe man in Europa reines Zink destillieren konnte. Bis dahin wurde Zinkerz einfach mit Kupfererz vermischt: Statt zu verdampfen, verschmolzen die Zinkkristalle dann mit dem Kupfer. Das Ergebnis war eine Legierung, die beständiger war als pures Kupfer. Wer Kupfer zusammen mit Zinn schmolz, erhielt Bronze, wer Kupfer mit Zink mischte, erhielt Messing.

In Rajasthan, im Nordwesten Indiens, beherrschte man das Verfahren der Zinkgewinnung bereits im letzten Millennium vor unserer Zeitrechnung, zweitausend Jahre vor Europa. Plinius der Ältere, der große Naturforscher aus dem Römischen Reich, schrieb: »Messing wird aus einem luftigen Stein gemacht, den man *cad-*

mia nennt und der in Asien berühmt ist. […] Es heißt, dass dieser auch in der Provinz Germanien gefunden wird.«

Vielleicht beginnt die Geschichte des sinnierenden Mannes am Fenster ja dort, bei jenen Zinkvorkommen in Germanien, von denen Plinius berichtet. Doch die Geschichte kennt keine Startpunkte, nur lose Fäden, über Jahrhunderte aneinandergereiht, zerfranste Seile, verfilzte Stofffetzen.

Für Maria Rixen, das Dienstmädchen in Düsseldorf, hat alles erst mit den feinen schwarzen Knöpfen begonnen oder eher: ist alles *fehlgeschlagen* bei diesen Knöpfen, unwiderruflich fehlgeschlagen. Nach ein paar Monaten sagt sie es ihm, murmelnd, sie liegen beisammen. Und da ist es vorbei mit seinen zärtlichen Händen auf ihrer Haut, seinen vollen, feuchten Lippen an ihrem Hals. Sein Mund ist nicht mehr sein Mund, sondern ein schwarzer Fleck, der brüllt wie einer seiner Stahlöfen. Aus seinen Augen. Aus seinem Haus. Sie hätte eben aufpassen müssen. Eine Schande sei es. Schämt sie sich nicht? In seinem eigenen Haus? Er als Familienvater! Und ist es überhaupt von ihm? Wie kann sie es wagen, das zu behaupten? Er kennt ihre Sorte! Und dann auch noch flennen?

Der sanfte, süße Schreck von früher ist zu einer großen, dunklen Angst vor dem, was später sein wird, geworden. In Düsseldorf kann sie nicht bleiben, nach Mönchengladbach kann sie nicht zurück. Die Familie, nein. Das große, strenge Preußen, das seit 1871 an der Spitze des deutschen Kaiserreichs steht, fühlt sich auf einmal so erstickend, so beklemmend an. Die Bildnisse auf den Münzen, die Seekadetten auf der Straße: überall dieser bleierne männliche Blick. Das Porträt des alten Reichskanzlers mit Knebel und Pickelhaube: Sogar nach seinem Tod hat er noch einen unerbittlichen und vorwurfsvollen Gesichtsausdruck. Sie muss fort, wo findet sie noch Luft zum Atmen? Mit der Eisenbahn kann sie nach Köln fahren, südwärts den Rhein entlang, und dann westwärts durch die Eifel nach Aachen. Von dort aus kann sie das neutrale Gebiet erreichen, acht Kilometer weiter. Es ist nicht groß, weiß sie, nur 1347 altpreußische Morgen, aber in dem winzigen Zwergstaat Neutral-Moresnet ist man weniger eingeengt als im weiträumigen Preußen. Es sind mehr Mädchen dorthin gegangen, aus Deutschland, aus Belgien, sogar aus der Schweiz. Man wird dort in Ruhe gelassen.

Cadmia. Calamine. Kalamijn. Galmei. Das griechische Wort für Zinkerz drang in die modernen europäischen Sprachen ein. Die wichtigste Grube in Europa gehörte zu einem Weiler, der nicht zufällig Kelmis hieß, La Calamine auf Französisch. Das Dorf lag im historischen Herzogtum Limburg, dreißig Kilometer südlich von Maastricht, und da an diesem Ort seit jeher Zinkspat geschürft wurde, trug er auch den Namen Altenberg. Möglicherweise war er sogar der Fundort, den Plinius zwei Jahrtausende zuvor erwähnt hatte. Mindestens seit dem Mittelalter wurde das Erz aus Kelmis in Dinant und Aachen verarbeitet. Gebrauchsgegenstände aus Messing heißen noch immer Dinanderie, auch wenn heute kaum jemand das Wort benutzt.

»Zwo Meilen von Aken in dem Lande von Lüneburg [gemeint ist: Limburg, d. Üb.] / ist ein Bergwerck von *Lapis calaminaris*, oder Galmey; dahin wir auch reiseten / um solches zu besichtigen; und hatten bey uns einen Corporal mit 8. Musquetirern / damit wir sicher durch den Wald kommen möchten«, schrieb Edward Browne in seinem Buch *Sehr sonderbare und denckwürdige Reisen* (das englische Original stammt aus dem Jahr 1685). Der Wald existiert noch immer, heute kann man dort Mountainbike fahren. Browne wollte sehen, »wie der Galmey in der Erden wächset / samt andern Curiositäten«:

> Und weil dieses Bergwerck schon drey hundert Jahr gearbeitet wird / und eines der allervornehmsten ist von dieser Gattung / so kan es nicht ungereimt scheinen / wenn ich gleich etliche sonderbahre Anmerckungen davon hier erzehle und beschreibe.
> Es ist ohngefehr achtzehen oder neunzehen Klafftern tieff / und liegt überall offen wie ein Steinbruch / darinnen man Kalck-Steine bricht / [...] und der beste Galmey liegt zwischen den Felsen / in dem tieffsten Theil der Grube.
> Sie haben anitzo einen vortrefflichen Gang gefunden / auf eben obgedachte Weise gelegen / auf die eilff oder zwölff Schuh dicke; welchen sie mit Hauen aushauen / nicht ohne grosse Mühe und Beschwerniß / aus Ursachen / daß der Galmey so über die Massen hart ist. [...] Dieweil nun die Adern des Galmey-Ertzes so breit seynd / so graben sie solchen nicht bloß an einem Orte nach / sondern arbeiten offt einander über den Köpffen / und treiben ihr Werck auf die Art breiter und grosser Treppen fort.

Systematischer, terrassenförmiger Bergbau im siebzehnten Jahrhundert. Die Grube war so ergiebig, dass Konflikte nicht ausbleiben konnten: Die Stadt Aachen stritt sich bereits im Jahr 1344 mit den Herzögen von Brabant, Philipp der Gute beschlagnahmte sie 1439, 1794 beanspruchte das revolutionäre Frankreich sie, das die südlichen, zuvor österreichischen Niederlande erobert hatte. Der Kampf um Bodenschätze ist kein Phänomen der Neuzeit.

Kurz nachdem Napoleon das Bergwerk verstaatlicht hatte, entdeckte der Lütticher Chemiker Jean-Jacques Dony als Erster in Europa, wie sich reines Zink gewinnen ließ. Ja, die Kristalle verdampften schnell, es sei denn, man brachte einen kalten Gegenstand in den Ofen, auf dem sie sich niederschlugen wie Wasserdampf auf einem kalten Spiegel im Badezimmer. Es galt also, eine permanente Kältefront in der Hitze zu realisieren. Das erfolgte mithilfe von Luftkanälen. Nach diesem Prinzip errichtete Dony 1809 nahe der Kelmiser Grube die erste industrielle Zinkhütte der Welt. Seine Methode würde überall kopiert werden und in Großbritannien bis 1950 unter der Bezeichnung *Belgian retort process* in Gebrauch bleiben. Dony selbst indes hatte nicht viel von seinem Erfolg. Er hatte so viel in seine Erfindung investiert, dass er 1819 bankrottging. Napoleon hatte er einst eine leichte Reisebadewanne aus Zink zum Geschenk gemacht – ziemlich praktisch auf Feldzügen –, doch die Bestellungen blieben aus. Er starb völlig mittellos.

Unterdessen hatte sich auch die Welt verändert. Nach der Schlacht bei Waterloo 1815 musste die Landkarte Europas gründlich überarbeitet werden, und sei es nur, um zu verhindern, dass noch einmal ein solcher Potentat aus Korsika oder von anderswo die ganze Welt auf den Kopf stellen würde. Eine der vielen Grenzen, die auf dem Wiener Kongress gezogen werden mussten, war die zwischen Preußen und dem frisch gegründeten Vereinigten Königreich der Niederlande. Das klappte recht flott für die mehr als fünfhundert Kilometer zwischen dem Großherzogtum Luxemburg und dem Wattenmeer – große Teile dieser gewundenen Linie bilden bis heute die niederländisch-deutsche Grenze –, doch über einen Streifen von drei Kilometern konnte einfach keine Einigung erzielt werden: Es ging um jenen Streifen, in dem die Zinkgrube von Kelmis lag. Preußen und die Niederlande hatten Seite an Seite in Waterloo gekämpft, und das Herzogtum Luxemburg, die Fürstabtei Stavelot-Malmedy und das Herzogtum Limburg hatten sie bereits unter sich aufgeteilt, nun jedoch standen sie sich diametral gegenüber wegen eines Bergwerks. Die Schlussakte des Wiener Kongresses gab auch keine eindeutige Auskunft: Nach Artikel 25 stand das Gebiet den Niederlanden zu, nach Artikel 66 hingegen gehörte es offenbar zu Preußen. Diplomatische Verträge bestanden damals nur aus dem geschriebenen Wort, Landkarten gehörten nicht dazu. Die beiden Artikel beschrieben jeweils die preußische und die niederländische Grenze und verwiesen dabei auf bekannte Grenzpunkte wie das Dreiländereck bei Vaals (das unter Napoleon ein »Dreidepartementseck« gewesen war). Wort ohne Bild, das führt ziemlich oft zu Konfusion.

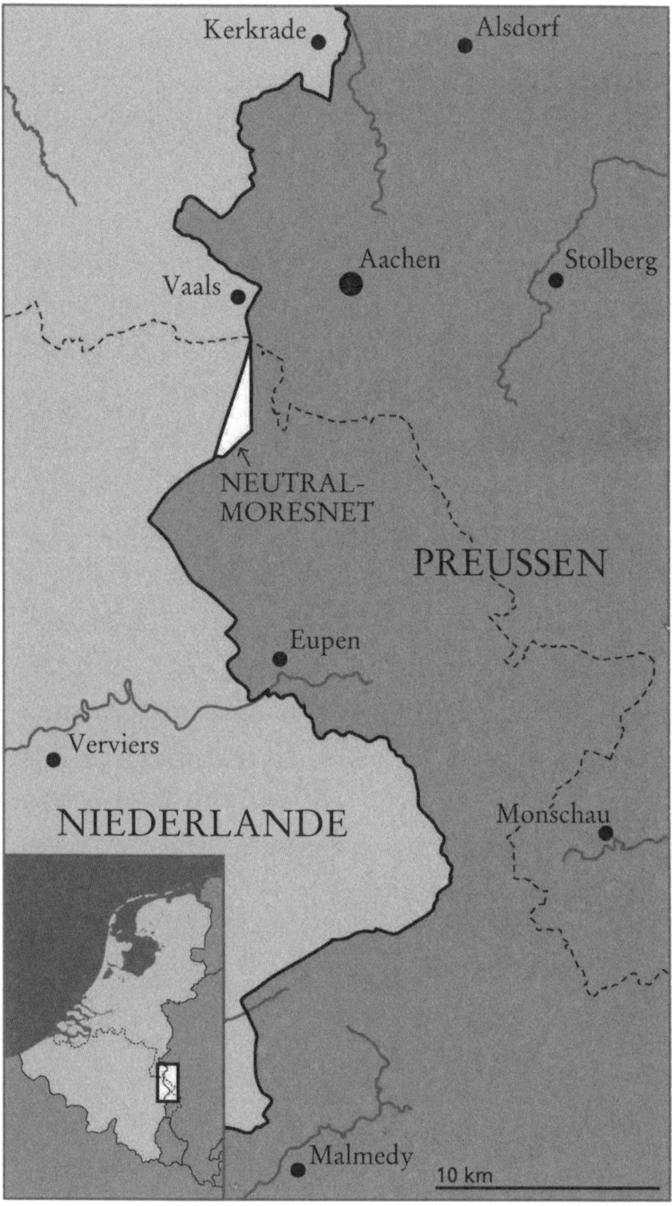

Die Grenze zwischen Preußen und den Niederlanden

Ein Jahr später, nach mindestens fünfzig Arbeitssitzungen, kam es dann doch zu einem Kompromiss. Nun ja, Kompromiss. Der Aachener Grenzvertrag von 1816 ging jedenfalls nicht als das eleganteste diplomatische Endergebnis, das jemals erzielt wurde, in die Geschichte ein. Der Kompromiss sah so aus, dass es keinen Kompromiss gab. Die Positionen waren unverändert. Nach niederländischer Auffassung verlief die Grenze noch immer vom späteren Dreiländereck in direkter Linie südwärts; Preußen hingegen war der Ansicht, sie verliefe eher in südwestliche Richtung. Beide Länder formulierten ihre Ansprüche natürlich so, dass die Grube gerade noch in ihr Staatsgebiet fiel. Da sie sich nicht einigen konnten, beschlossen die Unterhändler, dem Dreieck zwischen diesen beiden Linien dann eben vorläufig den Status der Ungeteiltheit zuzuerkennen. Es wurde zu neutralem Gebiet. Die »provisorischen Grenzen«, wie es im Aachener Vertrag hieß, verliefen mitten durch das Areal der alten Gemeinde Moresnet. Der westliche Teil ging an die Niederlande, der östliche Teil wurde Preußisch-Moresnet, der Teil dazwischen hieß von da an Neutral-Moresnet. Bis zu einer endgültigen Lösung, die man in den folgenden Jahren zu erreichen hoffte, sollte Neutral-Moresnet von Preußen und den Niederlanden gemeinsam verwaltet werden. Keine der beiden Mächte durfte das Eckchen in der Zwischenzeit militärisch besetzen. Die Südgrenze, zwei Kilometer lang, bildete die Straße von Lüttich nach Aachen. Die Ost- und die Westgrenze, vier bzw. fünfeinhalb Kilometer lang, waren wie Uhrzeiger, die auf fünf Minuten nach halb sechs stehen. Die Mitte des Zifferblatts bildete den nördlichsten Punkt. Ein Tortenstück in der Größe von 3,44 Quadratkilometern. Im Vergleich zu anderen Zwergstaaten wie San Marino (61 Quadratkilometer), Liechtenstein (160 Quadratkilometer) und Andorra (468 Quadratkilometer) handelte es sich hier wirklich um einen Krümel. Nur Monaco und Vatikanstadt sind noch kleiner, doch das waren schon immer dicht bevölkerte städtische Gebiete. Das neue Ländchen hingegen bestand zu mehr als der Hälfte aus Wäldern und zählte höchstens fünfzig verstreute Häuser und Katen und 250 Seelen, von denen die meisten im Weiler Kelmis wohnten. Ohne dass sie darum gebeten hätten, erhielten sie ein eigenes Land geschenkt. Am 26. Juni 2016 war es genau zweihundert Jahre her, dass dieses völkerrechtliche Kuriosum entstand.

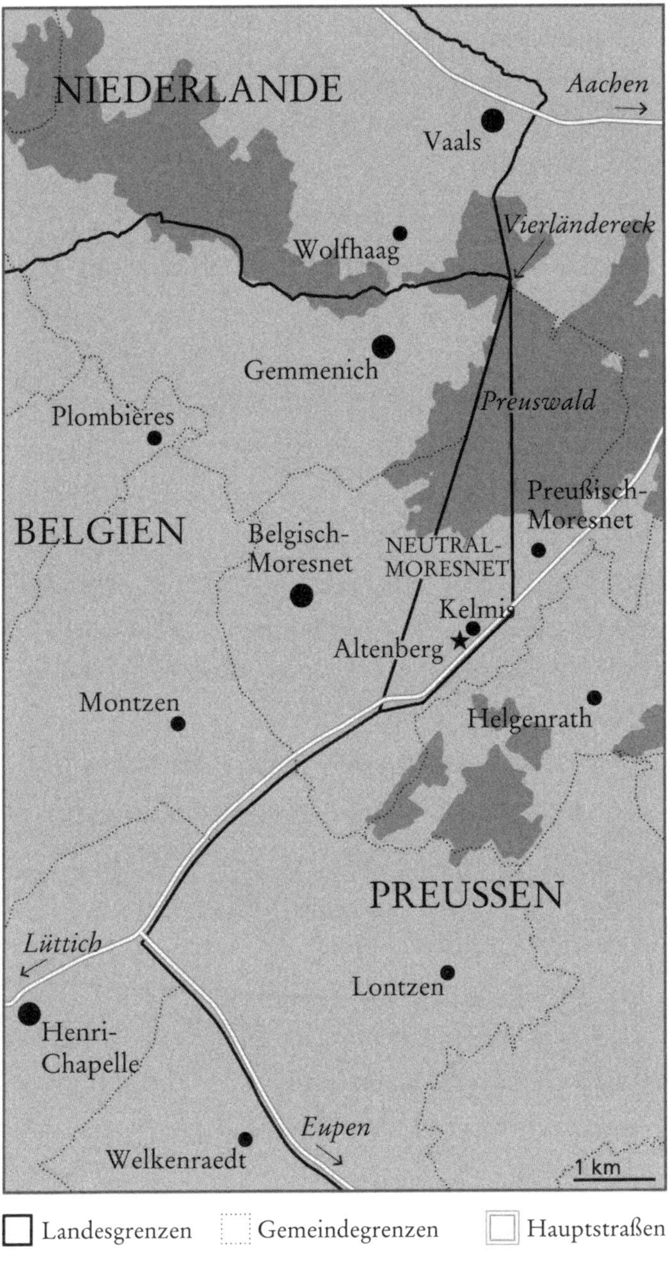

Neutral-Moresnet 1816-1919

Wir wissen nicht genau, wann Maria Rixen dort ankam. Es muss irgendwann im Herbst 1902 gewesen sein. Ich versuche, sie mir vorzustellen: Eine junge deutsche Frau geht über die unbefestigten Dorfstraßen, hin und wieder muss sie stehen bleiben und die Hände auf den Rücken legen, die Ellbogen nach hinten, den prall gewölbten Bauch nach vorn. Schließt sie die Augen? Ist es ein kalter Wintertag mit klarem Himmel? Ist sie erleichtert oder fühlt sie sich gehetzt? Voller Scham oder befreit? Denkt sie an die Zeit zurück, als sie Cremesuppe aus weißen Terrinen auftrug? Wir wissen es nicht. Genauso wenig wie wir wissen, wie sie dorthin gelangte und ob sie bereits jemanden im Ort kannte. Das Einzige, was wir wissen, ist, dass Neutral-Moresnet noch immer existierte und dass es kräftig gewachsen war zu einem Bergarbeiterdorf mit mehr als 3 400 Einwohnern.

Diese lange Lebensdauer war nie vorgesehen. In den zwanziger Jahren des 19. Jahrhunderts kamen die Verhandlungen zwischen Preußen und den Niederlanden gut voran – die Niederlande sollten die Grube bekommen, im Tausch gegen den Hertogenwald –, doch dann kam

1830 plötzlich die belgische Unabhängigkeit, und König Wilhelm I. hatte in den südlichen Niederlanden nichts mehr zu sagen. Die diplomatischen Gespräche begannen von vorn, nun mit den fanatischen belgischen Rebellen. Das konnte lange dauern. Das Dreiländereck bei Vaals wurde zu einem Vierländereck, dem einzigen in Europa. Sogar Ansichtskarten von dort gab es.

Außerdem wurde 1837 die Société Anonyme des Mines et Fonderies de Zinc de la Vieille Montagne gegründet, kurz Vieille Montagne, französisch für Altenberg, wie der alte Name der Zinkgrube lautete. Donys bankrotte Zinkhütte erlebte einen spektakulären Neuanfang, als Dominique Mosselmann, ein Pariser Bankier mit Brüsseler Wurzeln, die Geschäfte übernahm. Vieille Montagne entwickelte sich in den folgenden Jahrzehnten zum größten Zinkproduzenten der Welt; das Grenzgebiet gewann dadurch noch an Bedeutung, und ein internationales Abkommen schien ferner denn je. Die hölzernen Grenzpfähle, die 1816 in den Boden gerammt worden waren, wurden 1868 durch sechzig steinerne Exemplare ersetzt. Die meisten davon sind noch vorhanden, stelle ich fest, als ich sie an einem schönen Herbsttag im Wald suche.

Die Verwaltung innerhalb dieser Grenzpfähle gestaltete sich sehr merkwürdig: Offiziell lag sie in den Händen von zwei externen königlichen Kommissaren, einem belgischen und einem preußischen, die nur ihrem König Rechenschaft schuldig waren, ohne den Umweg über das Parlament. In der Praxis lag die Macht bei dem Bürgermeister, der nicht gewählt, sondern von den Kommissaren ernannt wurde. In den gut hundert Jahren seines Bestehens hatte Neutral-Moresnet nur fünf Bürgermeister: Der erste blieb 43 Jahre an der Macht, der letzte 20 Jahre. Dieser erste, einseitig von Preußen ernannt, hielt einen Gemeinderat für verzichtbar. Es gebe ohnehin nicht genug Leute, die lesen und schreiben könnten, meinte er. Er war zugleich auch Bürgermeister des angrenzenden Preußisch-Moresnet. Aber als die Zahl der Bergarbeiter ständig zunahm – 1858 zählte der Ort bereits 2870 Einwohner – war ein Gemeinderat dann doch erwünscht. Die Mitglieder wurden nicht gewählt, sondern vom Bürgermeister vorgeschlagen, der eine Liste von zwanzig angesehenen Einwohnern aufstellte, von denen die Kommissare zehn ernannten. Alle zehn Jahre musste die Hälfte von ihnen den Posten räumen. Wer gehen musste, entschied das Los. Ja, so war das. Dieses kuriose Prinzip ging auf Gesetze aus der französischen Zeit zurück: Solange Preußen und die Niederlande sich nicht auf eine endgültige Regelung einigen konnten, blieben die napoleonischen und revolutionären Gesetze unverändert in Kraft. Absurdismus pur: Frankreich besiegen und anschließend archaische französische Gesetze beibehalten müssen.

Wahlen? Hat es nie gegeben. Steuern? Äußerst niedrig und nicht nachvollziehbar; die Berechnung basierte auf dem Besitz an Grund und Boden und der Anzahl der Türen, Fenster, Möbel und Hausangestellten. Währung? Keine. Offiziell galt nur der französische Franc, doch der Thaler, die Reichsmark, der Silbergroschen und der belgische Franc waren auch willkommen. Sprache? Keine. Deutsch, Französisch und Kelmeser Platt durcheinander, etwas zwischen Plattdütsch und Limburgisch. Zoll? Darum sollen sich die Nachbarländer kümmern. Bildung? Keine Schulpflicht. Verteidigung? Keine Wehrpflicht. Justiz? Keine Gerichte.

Strafsachen und Zivilprozesse wurden vor Gerichten in Belgien oder Preußen verhandelt. Der jeweilige Richter musste dann zurückblättern in seinem Code Napoléon von 1804 oder seinem Code pénal von 1810 und Strafen für Vergehen verhängen, die manchmal im eigenen Land gar nicht mehr als strafwürdig galten, nach den Gesetzen eines Landes, das nicht mehr existierte. Verurteilt wegen Landstreicherei im Jahr 1900? Pech gehabt, hier sieht man das zwar nicht mehr so eng, aber im französischen Kaiserreich von vor einem Jahrhundert kassierte man dafür sechs Monate Gefängnis. Und so widerfuhr es auch einem Mann, der in Neutral-Moresnet gebettelt hatte.

Das Land besaß jedoch zumindest eine Fahne (blau-weiß-schwarz), eine Schmuckmünze (mit der man nicht bezahlen konnte), einen Polizisten (seit 1854) und für ganz kurze Zeit eine eigene Briefmarke (1886, auf die Idee war ein lokaler Briefmarkensammler gekommen, nach zwei Wochen wurde die Marke verboten). Die Post wurde von zwei Briefträgern zugestellt, einem preußischen und einem belgischen. Wenn die beiden nach ihrer Runde einen Schnaps miteinander trinken wollten, mussten sie bei ihrer Verabredung gut aufpassen, denn zwischen Neutral-Moresnet und Preußisch-Moresnet bestand ein Zeitunterschied von einer Stunde. Das neutrale Gebiet lag in der Zeitzone von Paris, auf der anderen Seite der Landstraße richtete man sich nach Berlin. Und es wurde noch ein bisschen komplizierter, weil die niederländische Uhr gegenüber der belgischen Uhr zwanzig Minuten vorging, denn vor dem Bau internationaler Eisenbahnlinien war Uhrzeit noch eine lokale Angelegenheit.

Sie bringt ihr Kind am 14. Februar 1903, am Valentinstag, zur Welt. Kein Liebhaber ist bei ihr, kein Ehemann, kein stolzer Vater. Joseph soll der kleine Kerl heißen, findet sie. Der musste auch umherziehen, damit sein Kind in Sicherheit zur Welt kommen konnte. Joseph Rixen. Ihr Sohn bekommt ihren Nachnamen, selbstverständlich, nicht jedoch ihre Staatsangehörigkeit. Während sie Preußin bleibt, wird er als »Neutraler« registriert. In Neutral-Moresnet leben mittlerweile 3 433 Menschen, darunter 1 470 Preußen, 1 169 Belgier, 353 Niederländer, 3 Amerikaner und nur 438 »Neutrale«. Letztere Kategorie ist den Nachkommen der ursprünglichen Bewohner vorbehalten. Erhält Joseph diese Nationalität als außereheliches Kind? Oder weil er in eine lokale Pflegefamilie gegeben wird? Im Dorf gibt es eine Hebamme, Elise Radermacher, die öfter eine Bleibe für einen unerwünschten Säugling findet. Joseph wird von der Familie Pauly aufgenommen, die bereits vier eigene Kinder hat. Vater Pauly arbeitet in der Filzfabrik Bruch in Preußisch-Moresnet. Einziger Nachteil: Es gibt schon einen Joseph in der Familie. Der Neuankömmling wird deshalb einfach Emil genannt, Emil Pauly. Viel später, als er zwölf ist, erfährt er zu seiner großen Bestürzung, dass sein richtiger Name nicht Emil Pauly ist, sondern Joseph Rixen. Sein ganzes weiteres Leben wird er die Mischform benutzen: Emil als Rufname, Rixen als Nachname. Der handgeschriebene Zettel lässt keinen Zweifel daran bestehen. Datum: 17. Juli 1907. Emil/Joseph ist viereinhalb Jahre alt. »Wir Unterzeichneten bescheinigen hiermit das wir vom 1. Juli dieses Jahres den kleinen Emil als Kindesstatt annehmen wenn Sie uns das Geld bringen dann wird das Kind gerade wie die anderen Kinder an alles ebensoviel Recht haben. Dankend erhalten.« Unterzeichnet: Frau Pauly, Johann Pauly und *zur Beglaubigung* Bürgermeister Schmetz.

Ebensoviel Recht. Wenn Sie uns das Geld bringen. Die strenge Gerechtigkeit von damals. Das Mutterherz, an das wir denken. Sein Kind abgeben müssen und dafür auch noch zur Kasse gebeten werden. Wenn Sie bezahlen, ziehen wir es groß, wir sind auch nicht auf Rosen gebettet, aber hier ist es sicher und geborgen. Ein Vertrag ist eine Abmachung zwischen zwei Parteien, doch ihr Name wird hier nicht einmal erwähnt. Möchte sie das nicht? Hat sie überhaupt Rechte? Sie ist schon jetzt unsichtbar. Sie wird nur noch unsichtbarer werden. Ich schreibe noch einmal ihren Namen: Maria Rixen.

Was wird aus ihrem Kind werden? Neutral-Moresnet ist offenkundig nicht der schlechteste Ort. »Überall begegnet man diesem gesunden, kräftigen Menschenschlag des Westens«, konstatiert ein Zeitgenosse. Arbeit gibt es im Überfluss, die Grube wird Jahr für Jahr erweitert. 1840 produzierte Vieille Montagne 3631 Tonnen Zink pro Jahr, im Jahr 1900 waren es 60846 Tonnen. Seit der Gründung 1837 hat der Betrieb mehr als zwei Millionen Tonnen Zinkerz gefördert. Diese schwindelerregenden Zahlen kennt sie nicht, aber sie kann sehen, wie die Industrie jeden Tag wächst. An der Landstraße nach Aachen erhebt sich ein neues Elektrizitätswerk im Jugendstil, gegenüber ein monumentales Verwaltungsgebäude. Letzteres hat natürlich ein Dach aus Zink.

Seit der Pariser Stadtplaner Haussmann angeordnet hat, dass im neuen, modernen Paris alle Dächer aus Zink bestehen müssen, ist die mattgraue Dachbedeckung ein ästhetisches Phänomen geworden. Man schaue über die Dächer von Paris: Was dort im Abendlicht glänzt, was dort unter den ersten dicken Regentropfen dunkelgrau gesprenkelt ist, kommt meist aus der Grube von Neutral-Moresnet. Wenn es in Paris regnet, tropft es auf Kelmis.

Das 19. Jahrhundert war das Jahrhundert des Zinks, wie das 20. Jahrhundert das des Bakelits, des Aluminiums und des Nylons werden sollte. Die Eimer, Gießkannen und Bottiche, mit denen Maria Rixen einst im Haus ihres Arbeitgebers hantierte: zweifellos aus Zink. Die Dachrinnen, Simse und Regenrohre jenes Hauses: höchstwahrscheinlich aus Zink. Die Badewanne, der Waschzuber, das Abtropfgestell: aus Zink. Die Hautsalbe für ihre trockenen, rissigen Hände: Zink. Die Illustrierte, in der sie verträumt blätterte: Zink in der Druckplatte, den Fotografien und der Heliogravüre. Farben wurden auf der Grundlage von Zink hergestellt. Schiffsrümpfe, Draht und Stahlplatten wurden »verzinkt«. Das ganze Jahrhundert wurde mit diesem neuen, verblüffenden Material galvanisiert.

Vielleicht ist es ja ihr letzter Tag, bevor sie nach Preußen zurückkehrt, und sie geht noch ein letztes Mal an der Kul entlang, wie die Leute hier die alte Grube nennen. Seit 1885 ist der gewaltige Krater erschöpft, das Erz wird nun in mehreren unterirdischen Stollen ein paar Kilometer weiter geschürft, hier unten im Göhltal aber laufen die Fabriken auf Hochtouren. Die schlanken Schornsteine aus Backstein spucken weiße Dampfschlieren, die der Wind umbiegt und zerfetzt. Das Dröhnen der Gesteinswäschereien und der Schmelzhütten ist zu hören. Mehrere tausend Menschen sind dort an der Arbeit, hauptsächlich Männer, doch auch ein paar Frauen, ledige Mädchen. An großen runden Tischen sortieren sie Gestein: Zinkblende, Bleiglanz, Eisenkies. Hat sie dort auch gestanden, sie, deren

Hände einst Betten machten? Ein Stück weiter, bei der Grube Schmalgraf, fahren die Männer bis zu zweihundert Meter tief in den Schacht ein, offenbar strömt dort Wasser, das hochgepumpt werden muss. Hier wird er aufwachsen, ihr Joseph.

Sie geht an dem stattlichen Haus des Direktors vorbei, das das Gelände des Bergwerks überblickt. Es ist das schönste Haus weit und breit, hohe Fenster, ein repräsentatives Portal, ein Balkon in der ersten Etage, sogar eine verglaste Veranda. Aber Monsieur Saint-Paul de Sinçay, der Direktor, sorgt auch gut für seine Arbeiter, wie schon sein Vater, der vorige Direktor. Mehr als vierzig Jahre steht er an der Spitze von Vieille Montagne, mehr als vierzig Jahre wird auch sein Sohn das tun. Vater de Sinçay zahlt seinen Arbeitern einen festen Lohn und eine Prämie pro Kilo Zink. Damit sie nicht ihren gesamten Lohn vertrinken, hat er einen Sparklub und eine Rentenkasse gegründet. Er hat für kleine Arbeiterhäuser gesorgt und für ein Pflegeheim, in dem sogar ein richtiger Arzt praktiziert, sowie eine Schule, deren Besuch für die Kinder der Arbeiter, Jungen wie Mädchen, gratis ist. Gegen ein geringes Entgelt wird auch Joseph diese Schule besuchen dürfen, sie steht allen Kindern offen. 1865 hat de Sinçay die Dorfkirche erbauen lassen. Sogar an den Kosten für die Kapelle der Protestanten hat er sich beteiligt. Fortwährend denkt er an das Wohlergehen seiner Arbeitnehmer, man könnte es als sozialen Paternalismus bezeichnen. Kurzweil darf sein, aber sie muss sich im sittlichen Rahmen halten. Die Bogenschützenvereine für die Arbeiter, das Direktionskasino für die leitenden Angestellten, die Blaskapelle, das Harmonieorchester, der Karnevalsverein und der Turnverein: alles Geschenke von Vieille Montagne. Der Polizist von Neutral-Moresnet, der einzige Ordnungshüter des Ländchens, ist eigentlich ein Aufseher aus der Fabrik, der vom Betrieb einfach ausgeliehen wurde. Staat, Kapital und Kirche, hier läuft alles ein bisschen durcheinander.

Anders als in den Industriebecken von Charleroi und Lüttich, wo 1886 große Streiks stattfanden, geht es in Neutral-Moresnet viel ruhiger zu. Bürgermeister Schmetz, der Mann, der Emils Adoptionsurkunde ausgefertigt hat, führt das auf das »religiöse Gefühl unserer Arbeiter« zurück.

Das musste ihnen allerdings anerzogen werden, dieses religiöse Gefühl. Die geschenkte Kirche half. Was auch half, war das Gebet, das der Bischof aus Lüttich sie zu Weihnachten 1895 lehrte:

Mit Dir, Allmächtiger, fahr ich an,
und voll Vertraun auf Dich,
nicht schreckend ist die dunkle Bahn,
denn Du begleitest mich.

Am Anfang jedes Arbeitstages nahmen die Bergarbeiter ihre Mütze ab und knieten nieder, um auch die folgende Strophe zu murmeln:

Fahr ich zur Grube froh heraus,
dann dank ich Dir, daß Du
mich zu den Meinen bringst nach Haus
und gibst uns Brot und Ruh.

Nicht gerade Rilke, aber im Hinblick auf den sozialen Frieden war es offenkundig hilfreich, wenn sich »Laß uns deinen Segen finden« auf »in der Tiefe Erdengründen« reimte. Die Arbeiter hatten 1893 zwar eine eigene Unterstützungskasse gegründet, doch eine richtige Gewerkschaft, selbst eine christliche, würde noch Jahre auf sich warten lassen. Und der Sozialismus konnte ohnehin nie Fuß fassen auf dem neutralen Boden.

Sie blickt auf die Kul. In dem fünfzig, sechzig Meter tiefen Schacht steht Wasser. Auf der gegenüberliegenden Seite, hundert Meter weiter, liegt noch immer ein gewaltiger Berg Schlacke. Kuhle und Berg: als habe jemand mit einem riesigen Kaffeelot ein einziges Mal im Erdboden gegraben und den Inhalt dann neben das Loch gekippt. Kuhle und Berg liegen mitten im Dorf. Kelmis ist rund um die Grube gewachsen, nicht andersherum. Tief unten sieht sie das Wasser, dunkel und unheimlich. Es gibt noch eine andere Welt in diesem Dorf, eine Unterwelt. Es wird sehr viel getrunken. Es wird sehr viel geschmuggelt. Es kommen sehr viele Verbrecher hierher. Es wimmelt hier von Bars und Bordellen. Soll ihr Sohn hier aufwachsen? Ist das hier eine fromme Bergarbeitergemeinschaft oder ein zuchtloses Räubernest? Es ist beides.

Im Jahr 1894 gab es sechzig Kneipen, eine auf fünfzig Einwohner, und jedes Jahr kamen neue hinzu. Aufgrund des französischen Gesetzes über die Handelsfreiheit von 1791 hatte die Verwaltung keine Möglichkeit, die Zahl der Gasthäuser zu begrenzen, zum Unmut des Bürgermeisters, der hier gern Schranken gesetzt hätte. Die königlichen Kommissare erließen deshalb Verordnungen, dass all diese Lokale spätestens um zehn Uhr abends schließen mussten (elf Uhr preußischer Zeit), dass sie in der Zeit der heiligen Messe nichts ausschenken durften, und dass in jedem Wirtshaus nur eine einzige weibliche Hilfskraft anwesend sein durfte, und dazu zählte auch die Frau oder Tochter des Wirts. Der betreffenden Dame war es nicht erlaubt, sich bei einem Gast aufzuhalten oder mit ihm zu trinken, eine Maßnahme gegen – in den Worten des Bürgermeisters – »die Ausnutzung der Zügellosigkeit in mehreren Schenken und Speisehäusern des Dorfs, die Ärgernis und Empörung erregt«.

Da Alkoholrausch in der Öffentlichkeit nicht im Code Napoléon vorkam, wurde er in Moresnet nicht sanktioniert. 1904 gab es vier Brennereien, die Tag und Nacht in Betrieb waren; zusammen stellten sie pro Jahr 67 000 Liter her, im Durchschnitt zwanzig Liter pro Einwohner. Diese stattliche Produktion war freilich nicht nur für den lokalen Gebrauch bestimmt. Rund ums Vierländereck wurde geschmuggelt, was das Zeug hielt. Aufgrund der niedrigen Steuern war Alkohol aus dem neutralen Gebiet besonders billig. Radfahrer überquerten nachts die Grenze mit Schnapsflaschen in den Taschen und kamen mit Streichhölzern, Kaffee, Tee, Tabak, Salz und Zucker zurück. Karren und »Automobile« transportierten ganze Fuhren Mineralwasser: Nur hin und wieder merkten die Zöllner, dass es sich um Alkohol handelte. Der Schmuggel entwickelte sich vom gelegentlichen Nebenverdienst zur professionell organisierten Schattenwirtschaft. Neutral-Moresnet wurde zu einer Art Eldorado, das alle möglichen dubiosen Gestalten anlockte.

Mehr als hundert Jahre später stoße ich auf Echos davon, als ich im Pflegeheim des Katharinenstifts in Walhorn eine fünfundneunzigjährige, deutschsprachige Dame besuche. Sie stammt aus Preußisch-Moresnet und ist die älteste Zeitzeugin, die ich interviewen konnte. Weil sie nicht namentlich erwähnt werden möchte, nenne ich sie Frau Katharina. Wir sitzen in ihrem schlichten Zimmer mit Ausblick auf den Garten.

Kelmis hatte einen schlechten Ruf. Mein Vater hat mir davon erzählt. Er war Bauer, 1886 geboren, wir hatten zwei Dutzend Milchkühe, meine Mutter hat selbst gebuttert. In Neutral-Moresnet gab es keine Bauern. Jeder, der etwas auf dem Kerbholz hatte, hat sich dorthin geflüchtet. Dort konnten sie einen nicht packen. Nein, das Dorf war nicht gut angeschrieben. Ich wusste das nur aus den Erzählungen meiner Eltern.

Wer am dritten Freitag des Monats das Select in Kelmis betritt, sieht sich ziemlich erstaunt um. Eigentlich eine Dorfkneipe wie jede andere: rot-graue Einrichtung, Männer am Tresen, ein Plasmabildschirm mit ewigem Fußball. Aber in einem Hinterzimmer treffen sich seit Jahren rund fünfzig Leute, um das Wochenende mit einer ungebräuchlicheren Aktivität zu beginnen: Sie nehmen an einem Esperanto-Kurs teil. Die Lehrkraft erklärt die einfache Grammatik und den Wortschatz, dann unterhalten sie sich in der Kunstsprache, die sich ein polnisch-jüdischer Augenarzt, geboren im damals russischen Białystok, im Jahr 1887 ausgedacht hat, um die internationale Zusammengehörigkeit zu fördern. Weltweit gibt es etwa zwei Millionen Sprecher, nur für zweitausend von ihnen ist es die Muttersprache – der bekannteste ist zweifellos George Soros, der steinreiche amerikanisch-ungarische Geschäftsmann, Autor und Philanthrop.

Esperanto-Vereine existieren auch heute noch überall auf der Welt, doch in einem bescheidenen Dorf wie Kelmis weckt es vielleicht zunächst einmal Erstaunen. Und auch wiederum nicht, denn Neutral-Moresnet sollte einst der erste Staat auf der Welt werden, dessen Amtssprache Esperanto war. Gustave Roy, ein aus Ariège in den Pyrenäen stammender französischer Sprachlehrer, arbeitete jahrelang in Aachen und freundete sich auf seinen Ausflügen nach Neutral-Moresnet mit Doktor Wilhelm Molly an, dem engagierten Werksarzt von Vieille Montagne. Das gemeinsame Interesse an der Philatelie und der Philanthropie führte sie zusammen. Molly war der Mann, der Neutral-Moresnet eine eigene Briefmarke hatte geben wollen, Roy hatte eine noch viel kühnere Idee.

Ich spreche darüber mit dem fünfundsiebzigjährigen Mathieu Schrymecker, einem pensionierten Lehrer, der den Esperanto-Kurs im Select initiiert hat. »Wie soll ich sagen?« Er blättert in seinen Mappen mit Zeitungsausschnitten. »Gustave Roy ging hier in Neutral-Moresnet oft spazieren. Esperanto war auch neutral. Letztlich wollte er die beiden Neutralitäten miteinander verbinden, wissen Sie. Er wollte dem Esperanto ein Vaterland geben.«

1907, in dem Jahr, in dem der kleine Emil zu seinen Adoptiveltern kam, veröffentlichte Gustave Roy eine Broschüre auf Französisch, in der er dazu aufrief, Neutral-Moresnet zur Welthauptstadt des Esperanto auszubauen. Das war etwas sonderbar: Die diplomatischen Verhandlungen zwischen Belgien und Deutschland über den endgültigen Status des Gebiets waren wieder aufgenommen worden, 1897 hatten fast siebenhundert Familienoberhäupter eine Petition unterzeichnet, dass Neutral-Moresnet zu Belgien gehören solle, falls die Neutralität abgeschafft würde. Es sah nicht danach aus, dass das Ländchen noch lange existieren würde. Doch Lejzer Zamenhof, der Erfinder des Esperanto, der Mann, der Hebräisch, Jiddisch, Polnisch, Russisch, Deutsch, Englisch, Französisch, Latein und Griechisch beherrschte, teilte Roy mit, er habe dessen Aufruf »kun granda intereso« gelesen, und die Umsetzung dieses Plans sei ein großer Schritt nach vorn »por la interna ideo de la esperantismo«. Sogar die *New York Times* fand die Wahl von Neutral-Moresnet nicht unlogisch, da – kurz Luft holen – es »nahe den transkontinentalen Eisenbahnlinien von Konstantinopel nach Ostende und London und von Madrid nach Sankt Petersburg liegt«. Dass Gustave Roy glaubte, die Sache sei innerhalb von sechs Monaten zu schaffen, löste manches Stirnrunzeln aus, doch auf dem IV. Internationalen Esperanto-Kongress in Dresden im August 1908 wurde tatsächlich beschlossen, dass nicht Den Haag, sondern Neutral-Moresnet die Zentrale der internationalen Bewegung werden solle, schließlich lag es ja am Berührungspunkt von drei Sprachgebieten.

In Kelmis selbst ging man mit großem Enthusiasmus ans Werk. Viermal pro Woche gab es Unterrichtsstunden in Esperanto, an denen sofort hundertvierzig Kinder und Erwachsene teilnahmen. An manchen Restaurants erschien sogar die Inschrift »Tie ĉi oni parolas Esperanton« (Hier spricht man Esperanto). Das Select hieß damals noch Gaststätte Bergerhoff, das Haus gehörte einer jüdischen Familie. Hier fanden die Versammlungen der Esperantisten statt, und es gab ein Propagandafest mit dreihundertfünfzig Teilnehmern aus dem In- und Ausland. Der Staat sollte einen neuen Namen bekommen, »Amikejo«, wörtlich »Ort der Freundschaft«. Klang das nicht besser als Neutral-Moresnet? Und da die erste Hymne zur Melodie von »O Tannenbaum« eigentlich ein bisschen unbeholfen klang (»O Altenberg, o Altenberg / Du kannst mir sehr gefallen / Doch als Esperantistenstaat / Das Land noch größ'ren Ruf jetzt hat«), schrieb der ortsansässige Trompeter und Komponist Willy Huppermann den »Amikejo-Marsch«, ein vergessenes, aber wunderbares Musikstück.

Schrymecker ist die Begeisterung von damals anzumerken, als ich davon anfange. »Ich habe Huppermann noch gut gekannt. Ich komme aus einer Musikerfamilie. Mein Vater, meine Onkel, alle haben mit ihm gespielt. Der Amikejo-Marsch war sehr bekannt. Damals gab es noch oft Bälle. Am Ende des Ballabends wurde immer der Amikejo gespielt.« Und zur Illustration singt er die ersten Takte.

Am 4. August 1914 ist Emil elf Jahre alt. Er turnt, singt im katholischen Chor, vielleicht hat er ja auch irgendwann den Amikejo-Marsch gesungen. Der Typhusausbruch zwei Jahre zuvor kostete mehrere Kinder in Kelmis das Leben. Emil lebt. Eine andere Bedrohung kommt nun auf ihn zu. An diesem Morgen überschreiten deutsche Truppen die Grenze und verstoßen damit gegen den Aachener Grenzvertrag von 1816. Auch Belgiens Neutralität wird mit Füßen getreten. Der Erste Weltkrieg hat begonnen.

Städte wurden niedergebrannt, Zivilisten hingerichtet, wer konnte, floh in die Niederlande. Schätzungen zufolge verließen eine Million Belgier in den ersten Kriegsmonaten das Land, bis die Deutschen die Grenze zu den Niederlanden mit einem todbringenden Hochspannungszaun abriegelten. Die dramatischen Geschehnisse, unter denen so viele belgische Städte und Dörfer litten, bekamen in Neutral-Moresnet jedoch eine weitere tragische Komponente. Im Laufe des 19. Jahrhunderts hatten sich viele junge Männer in dem Zwergstaat angesiedelt, um sich dem Militärdienst in Belgien oder Preußen zu entziehen. In den Jahren 1847 und 1855 machten beide Länder diese Praxis unmöglich: Flüchten ging von da an nicht mehr. Jeder dieser jungen Männer wurde mit rückwirkender

Geltung an seine Pflichten gegenüber dem ursprünglichen Vaterland erinnert. Selbst wer im neutralen Gebiet lebte, musste zum Militär. Das würde sich in den kommenden Jahrzehnten nicht ändern. Moresnet blieb ein extrem gemischtes Dorf. Die Folge war, dass 1914 unter der Bevölkerung von 4668 Einwohnern junge Männer waren, die entweder von der deutschen oder von der belgischen Armee einberufen wurden. Der Krieg spaltete ganz Europa, doch in Neutral-Moresnet geschah das buchstäblich auf der Ebene der Dorfstraße oder sogar innerhalb der Wohnzimmer. Es gab Dialekt sprechende Familien, in denen der Sohn zu den belgischen Waffen gerufen wurde, während die Tochter mit einem Dorfbewohner verlobt war, der den gleichen Dialekt sprach, aber Deutschland dienen musste. Ich versuche, mir die Gespräche, die Spannungen und die Schweigepausen von damals vorzustellen.

Willy Huppermann, der Mann, der den Esperantomarsch für die Freundschaft komponiert hatte, musste trotz seines deutschen Familiennamens und seines internationalistischen Pazifismus in die belgischen Schützengräben der Westhoek, wo er auf Feinde schießen sollte, die vielleicht ja seine Nachbarn gewesen waren. Er war in Merkem stationiert, dem Dörfchen am Yser-Kanal, das im Krieg völlig zerstört wurde. Zwischen Schlamm und Sandsäcken komponierte er ein Musikstück, das er »Merckem« nannte und für das er später von der belgischen Königin Elisabeth gelobt wurde.

Über diese zerstörerischen Jahre unterhalte ich mich noch einmal mit Frau Katharina, meiner ältesten Zeitzeugin. Sie wurde 1920 in Neu-Moresnet geboren, der neue Name von Preußisch-Moresnet.

> Aber mein Vater war noch deutscher Soldat. Drei Jahre dauerte sein Militärdienst, bis 1912. Er war bei der Kavallerie in Saarbrücken. Ich habe noch ein Foto von ihm gesehen zu Pferd und mit Helm. 1914 wurde er eingezogen. Vier Jahre war er im Krieg. Erst in Frankreich, dann in Rumänien, Bulgarien und Russland, und dann wieder in Frankreich. Sein Vorgesetzter sagte damals, als sie wieder in Frankreich waren: 1914 waren wir stark, wenn wir unsere Köpfe gezeigt haben, heute sind wir stark, wenn wir uns verstecken. Das war der Unterschied. Dort wurde mein Vater durch einen Granatsplitter am Oberschenkel verwundet. Er erholte sich wieder im Lazarett von Göttingen. Meine Mutter hat ihn besucht. 1919 haben sie geheiratet, kurz nach dem Waffenstillstand.

Das Dreieck von Neutral-Moresnet wurde im Krieg streng bewacht. Die Deutschen wollten rund um die Uhr verhindern, dass geschmuggelt wurde oder dass Belgier über das neutrale Gebiet in die Niederlande gelangen konnten, um sich dort den Truppen in der Westhoek anzuschließen. Noch kein Jahr nach dem Einmarsch, am 27. Juni 1915, verkündeten die Besatzer, dass Moresnet künftig nur unter deutsche Zuständigkeit falle. Drei Jahre lang sollte das so bleiben.

Der junge Emil hat gewiss nicht darum gebeten: Gezeugt in Preußen und geboren in neutralem Gebiet, lebt er nun, ohne jemals umgezogen zu sein, im westlichsten Teil des deutschen Kaiserreichs. Die Hauptstadt seines Landes ist künftig Berlin, nicht Kelmis.

Gleich nach dem Abschluss des Versailler Vertrags 1919 hängte die Gemeindeverwaltung Plakate im Dorf aus. Der Text war auf Deutsch, der Inhalt antideutsch: »Einwohner von Neutral-Moresnet! Ziert die Häuser! Steckt Fahnen auf! Böllerschießen hat Euch soeben verkündet, das der **Friede** gezeichnet ist.« Seltsam, heute solch euphorische Sätze von 1919 in Frakturschrift zu lesen. In lateinischer Schrift ging es weiter: »Hiermit ist zugleich das Geschick d. neutralen Gebiets besiegelt! Neutral-Moresnet ist von der Landkarte verschwunden! Belgien, das uns in schwerer Zeit vor Hunger schützte, soll unser Vaterland sein!« Noch am selben Abend würde es eine »Volks-Versammlung« und einen »Fackelzug« geben, bei dem eine »Hymne an Belgien« angestimmt werden sollte.

Emils neue Hauptstadt ist jetzt Brüssel. Er ist fünfzehn Jahre alt und besitzt bereits die dritte Nationalität.

Wer die Kirche von Kelmis betritt, sieht rechts im Eingangsbereich eine große Gedenktafel. Mochte der neue Bürgermeister in all seinen patriotischen Ansprachen auch noch so jubeln über den belgischen König als »die höchste Verkörperung des Vaterlandes« und »den edelsten und tapfersten Schirmherrn«, der Dorfpastor hatte viel besser begriffen, dass dieser ganze Krieg in Kelmis »viel böses Blut gemacht« hatte. Ich habe mir das Ehrenmal für die Opfer von 1914-1918 lange angeschaut, weil ich wissen wollte, ob es an die belgischen oder an die deutschen Soldaten aus dem Dorf erinnert. Die Namen von achtundsechzig Toten sind dort aufgeführt, außerdem neun Vermisste, aber nirgends finde ich eine Angabe zu der Armee, für die sie gekämpft haben. Bis ich ein Blumengesteck mit der belgischen Trikolore beiseiteschiebe und die Inschrift lese: »Im Tode vereint. R. I. P.«

Schießbude, Grabbeltonne, Dosenwerfen, Karussell, Hau den Lukas: Es ist Kirmes in Kelmis, endlich Farbe nach Jahren voller Schutt und Staub und Pulverdampf. Wie ärmlich sieht eine Kirmes in den Nachkriegsjahren aus? Gibt es eine Schiffschaukel? Beleuchten Lampions den Platz? Wo sind der Schwertschlucker, der Ringer, die Frau mit dem Bart? Wir wissen es nicht. Ein fescher junger Mann erblickt eine schalkhafte junge Frau mit vollkommenen Augenbrauen, das zumindest wissen wir, doch das Gespräch, die Schwerstarbeit des ersten Gesprächs, verläuft vermutlich recht mühsam. Jeanne Lafèbre spricht von Haus aus weder Deutsch noch Französisch und schon gar nicht Kelmeser Platt. Emil errät mehr oder weniger, was sie sagt. Sie hat fein geschwungene, verspielte Lippen und kommt aus Tilburg. Sie ist die Tochter eines Schneiders und einer

Eierverkäuferin, der französische Name geht auf die Hugenotten zurück. Ihre Eltern haben im Krieg einen Flüchtling aus Moresnet aufgenommen. Nachdem nun Frieden herrscht, möchte Jeanne mit eigenen Augen das Land sehen, von dem ihr Gast vier Jahre lang gesprochen hat. Auf der Dorfkirmes von Moresnet – in welchem Jahr, wissen wir nicht genau – lernt sie Emil kennen, beide sind sofort unsterblich verliebt. Die Liebesbriefe, die Emil ihr nach ihren Ferien schickt, sind ein Genre für sich: Vor dem Krieg hat er in der Schule nur in Sütterlin schreiben gelernt, und Jeanne kann die Schrift mit den vielen Schnörkeln nicht lesen. Nur ihr Bruder Jacques beherrscht diese Fähigkeit, er ist es, der Jeanne die Briefe vorliest, oft auch in Gegenwart ihrer beiden jüngeren Schwestern. Romantik ist in Tilburg ein kollektives Geschehen.

1923 ist Emil zwanzig Jahre alt. Er hat blaue Augen, kastanienbraunes Haar, eine scharf geschnittene Nase und auffallend volle Lippen. Er wohnt noch immer bei der Pflegefamilie Pauly in der Kapellstraße. Sein Stief- und Namensbruder Joseph führt ihn ins Bäckerhandwerk ein, seine Stiefschwester Else geht als Opernsängerin nach Paris. In den zwanziger Jahren verfasst sie tiefschürfende Abhandlungen über indische Mythologie und deren Transformation in der modernen Oper.

Unterdessen ist die Geschichte nicht stehen geblieben. Die Zwischenkriegszeit ist keine ruhige, ereignislose Periode, die erst wieder mit dem Aufkommen des Faschismus befleckt wird. Mit dem Versailler Vertrag von 1919 wurde die Weltkarte neu gezeichnet und neuer Groll geweckt. Deutschland war von den Verhandlungen ausgeschlossen worden und durfte nur die Beschlüsse entgegennehmen. Auch das Schicksal des umstrittenen Grenzgebiets wurde dort entschieden. Artikel 32 besagte, dass Deutschland die volle Staatshoheit Belgiens über Neutral-Moresnet anerkennen musste. Artikel 33 legte fest, dass Preußisch-Moresnet künftig zu Belgien gehört. Und in Artikel 34 verzichtete Deutschland zugunsten Belgiens auf das gesamte Gebiet der Kreise Eupen und Malmedy. Bis 1925 wurden sie unter die autoritäre Verwaltung des belgischen Generals Baltia gestellt. Mit dem Versailler Vertrag musste Deutschland auch seine Kolonien abtreten. Belgien erhielt das Mandat über Ruanda und

Burundi, Gebiete, die man als die Ostkantone von Belgisch-Kongo betrachten könnte.

Die paar tausend Bewohner des früheren Neutral-Moresnet werden unmittelbar nach dem Versailler Vertrag zu Belgiern, die von Eupen-Malmedy (insgesamt fünfzigtausend) dürfen vorher noch abstimmen, ob sie lieber zu Belgien oder zu Deutschland gehören möchten. Belgien verpflichtet sich, das Ergebnis der Volksabstimmung zu respektieren, setzt jedoch alles daran, das Gebiet zu behalten – das Land ist in Versailles ja ohnehin viel zu stiefmütterlich bedacht worden, so die herrschende Meinung. Die Volksabstimmung wird zu einem Volksbetrug. Nur an zwei Orten kann abgestimmt werden, und das nicht einmal geheim. Wer Einwände gegen den Beitritt zu Belgien hat, muss sich in eine Liste eintragen und danach mit der oft geäußerten Drohung leben, dass er deshalb ausgebürgert wird oder seinen Arbeitsplatz verliert.

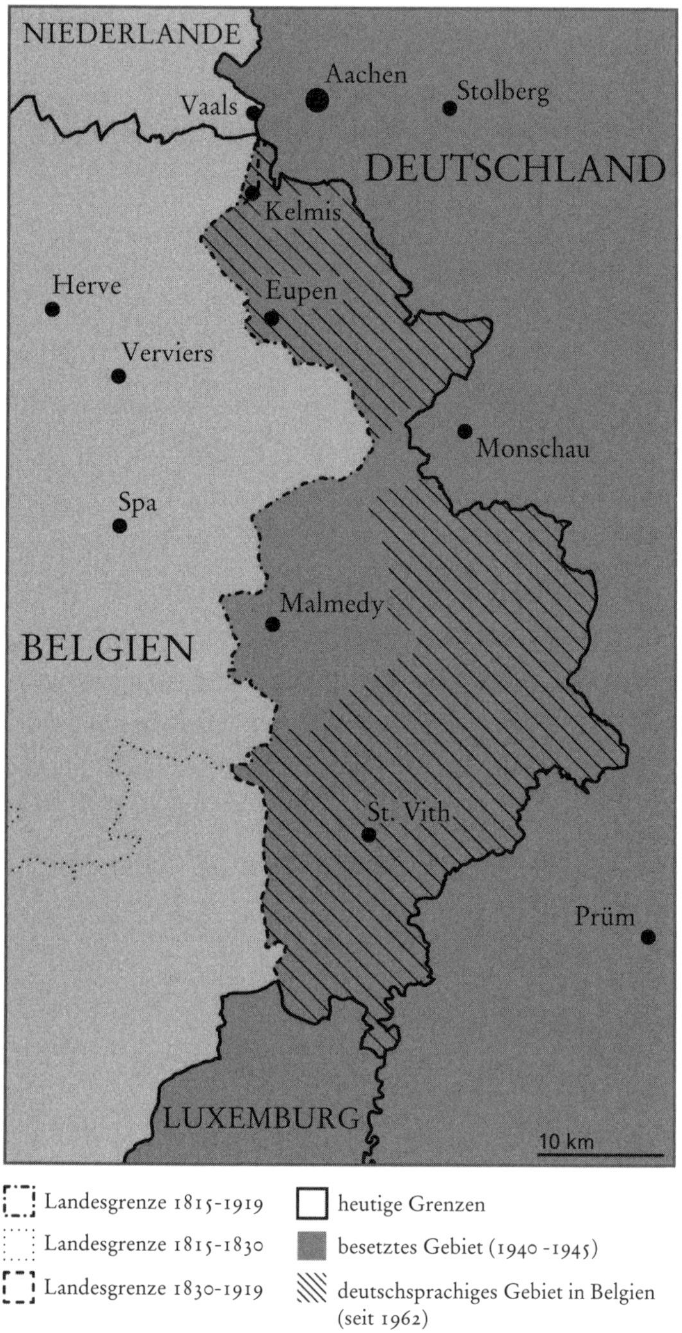

Entwicklung der Grenze zwischen Belgien und Deutschland

Manipulation allerorts. Wer in Belgien wohnt und in Deutschland arbeitet, bekommt zu hören, dass sein Gehalt möglicherweise nicht mehr in belgische Franc umgetauscht werden kann. Von den 33 726 Stimmberechtigten erheben nur 271 Einspruch.

Frau Katharina, die fünfundneunzigjährige Dame, mit der ich mich im Pflegeheim unterhalte, sagt dazu:

> Preußisch-Moresnet wurde Neu-Moresnet. Mein Vater hätte gehen können, aber er ist in Belgien geblieben. Als Bauer hatte er hier seine Scholle. Wo sollte er hin? Übrigens sind die meisten geblieben. Nur die, die in Deutschland Beamte waren oder bei der Post gearbeitet haben, sind gegangen.

Vor mir liegt die Kopie eines Militärpasses. 1923 wird Emil zum Wehrdienst in der belgischen Armee eingezogen. Er kommt ins 4. Regiment Jäger zu Fuß, selbstverständlich unter seinem offiziellen Taufnamen: Joseph Rixen. Unter der »Unterschrift des Inhabers« sehe ich zum ersten Mal seine Handschrift: zaghaft, unsicher scheinende Buchstaben, die einen Namen formen, der nie wirklich seiner war. »Name und Anschrift der im Unglücks-

oder Todesfall zu benachrichtigen Person?« Er schreibt die Adresse seiner Pflegefamilie auf, fügt aber auch den Namen seiner Mutter hinzu, die er kaum gekannt hat: Madame Rixen. Die Pflegeeltern werden also noch die Adresse seiner leiblichen Mutter gehabt haben. Er ist eingetragen als Junggeselle, 1,75 Meter groß. Sein Kompanieführer, der flämische Hauptmann Andries, gibt sich alle Mühe, auch etwas auf Deutsch beizutragen: »Güte Soldaat. Nicht gestraft gewesen«. Es wirkt zwar komisch, hat aber auch etwas Rührendes, wie sich ein belgischer Offizier die Mühe macht, die Sprache des alten Feindes zu benutzen, um dem neuen Belgier entgegenzukommen.

Das Jahr, in dem Emil eingezogen wird, ist auch das Jahr der Besetzung des Ruhrgebiets. Im Versailler Vertrag war festgelegt, dass Deutschland das gesamte linke Rheinufer entmilitarisieren und fünfzehn Jahre lang den Alliierten überlassen musste. Doch da Deutschland 1923 mit seinen Reparationszahlungen an die Alliierten in Verzug gerät, beschließt Frankreich, das wichtigste Industriegebiet militärisch zu besetzen und als Pfand zu nehmen. Amerikaner und Briten machen nicht mit, nur Belgien schickt 7500 Soldaten. Es benötigt die Reparationszahlungen dringend für den Wiederaufbau des zerstörten Landes.

Emil ist dabei. Seine Einheit ist in einer Kaserne in Krefeld stationiert, am linken Rheinufer. Die Besetzung des Ruhrgebiets ist eine umstrittene Unternehmung. Aufgrund der besonderen Umstände erlässt die Regierung in Brüssel ein Gesetz zur Verlängerung des Wehrdienstes. 1925 wird Emil der Urlaub verweigert, bis 1926 muss und wird er Soldat bleiben. Die Ruhrbesetzung weckt die Wut Berlins, und Reichskanzler Cuno ruft die lokale Bevölkerung zu passivem Widerstand auf. Es herrscht vollkommenes Chaos und erbitterte Feindschaft.

Wie jeder junge Mann, der beabsichtigt, eine neue Phase in seinem Leben zu beginnen, schaut Emil auch in seine Vergangenheit. Wer ist er? Woher kommt er? Er ist im Begriff, eine Familie zu gründen. Ihm liegen diese Fragen noch mehr auf der Seele als anderen. Krefeld ist keine zwanzig Kilometer von Düsseldorf entfernt. Er überlegt lange, wägt ab und wagt es dann: Er sucht seinen biologischen Vater auf.

Wie er an diesem Abend in die Kaserne zurückgekehrt ist, können wir nur raten. Kann die Begegnung mit einem Mann, der einen nie sehen wollte, der einen überhaupt nicht haben wollte, auch nur einigermaßen gut ablaufen? Was für Emil von existenzieller Bedeutung ist, ist für Herrn Hütten ein Affront: eine unliebsame Erinnerung an eine flüchtige Lust, schon zwei Jahrzehnte her, als das Jahrhundert noch jung und das Fest noch im Gange war. Außerdem: Wenn das sein Sohn ist, wie der linkische junge Bursche vor der Haustür hartnäckig behauptet, warum trägt er dann um Himmels willen die Uniform der verhassten belgischen Besatzer des Ruhrgebiets? Er hat ja wohl keinen Landesverräter gezeugt, oder etwa doch? Ist er noch nicht genug gedemütigt worden? Ist Deutschland noch nicht genug gedemütigt worden?

Im Wohnzimmer, wo ich mit den drei ältesten Söhnen und einer Tochter Emils und Jeannes über den Vorfall spreche, wird es still. Tja, dieser Vater, ihr Großvater, faktisch. Sie haben ihn nie kennengelernt. »Er hat ihn rausgeschmissen«, sagen sie, »weil er die belgische Uniform trug.«

Zertrümmern. Zerpulvern. Schmelzen. Plätten, ziehen, walzen. Was macht die Geschichte nicht alles mit einem Menschenleben. Doch es gibt auch Formen von Widerstand. Nach Emils Militärzeit heiraten Emil und Jeanne. Der Kern seines Lebens, das weiß Emil nun, liegt nicht in der Vergangenheit, sondern in der Zukunft. Die beiden bekommen Kinder, viele Kinder. Er, der nie ein Familienleben kannte, gründet eine Familie, zu der schließlich elf Kinder gehören werden, neun Söhne und zwei Töchter. In der Zeit von 1934 bis 1950 werden sie geboren, vor, im und nach dem Krieg. Er ist 31, als er zum ersten Mal Vater wird, 47 beim letzten Kind. Zwei seiner Söhne werden später Priester, einer sogar Bischof in Brasilien.

All die Münder müssen gefüttert werden. Emil ist Bäcker in Kelmis, der Gemeinde, die La Calamine heißt, seit sie zu Belgien gehört. Die Familie wohnt in der Kirchstraße, der Rue de l'Eglise, im Haus ist auch die Bäckerei. Das Brot wird in einem Holzofen gebacken, den Emil erst schürt und erhitzt, bevor er die glühende Holzkohle herausholt und die Brote hineinschiebt. Das frische, duftende Brot wird mit dem Fahrrad zu den Kunden geliefert.

Wenn ganze Kisten mit Kirschen entkernt werden müssen, helfen die Kinder mit. Die Familie ist nicht reich, aber adrett und fromm. Samstags nehmen alle ein Bad im Waschzuber, jeden Sonntag gehen sie in die Kirche.

In den Ostkantonen wusste man unterdessen nicht mehr ein noch aus. Nach der Farce der Volksabstimmung kam plötzlich ans Licht, dass Belgien unter größter Geheimhaltung mit Deutschland Verhandlungen über die Rückgabe der gerade erlangten Gebiete führte. Wem gegenüber sollte man da loyal sein? Doch wohl nicht dem neuen Vaterland, das einen erst dazu zwingt, der neuen Regierung zuzustimmen, und anschließend deine Heimat für 300 Millionen Goldmark wieder verkaufen will, weil die deutschen Reparationszahlungen ausgeblieben sind? König Albert hatte kurz zuvor noch gesagt, »das Vaterland zu wechseln« sei »wohl das schmerzlichste, was einem rechtschaffenen Menschen widerfahren kann«, hier jedoch wurde eine ganze Bevölkerungsgruppe zum Narren gehalten. Wieso sollten die Ostkantone zu Geld gemacht werden, um den Wiederaufbau zu finanzieren?

Konnte man unter diesen Umständen Belgien noch vertrauen? Die Folgen blieben nicht aus: 1929 gewann die Christliche Volkspartei die Wahlen mit einem sehr prodeutschen Programm, in den dreißiger Jahren radikalisierte sich diese Gruppierung unter dem Einfluss NS-Deutschlands so stark, dass Brüssel sich gezwungen sah, ein Gesetz zu verabschieden, das Bürgern die Staatsangehörigkeit aberkennen konnte, die nicht als Belgier geboren waren und die Staatsgrenzen infrage stellten. Vier Schlüsselfiguren der Partei verloren auf diese Weise ihre Staatsangehörigkeit, die Volkspartei zerbröckelte, aber damit waren der tiefe Groll und Argwohn gegenüber Belgien noch nicht verschwunden, im Gegenteil. 1933 bildete sich eine neue Partei, die offen faschistische Heimattreue-Front, die von Berlin unterstützt wurde. Bei den Wahlen 1939 erlangte sie in den Ostkantonen 45 Prozent der Stimmen, in Eupen sogar die absolute Mehrheit. Neben der ideologischen Überzeugung war ein wirtschaftliches Motiv im Spiel: Während die belgische Wirtschaft nach dem Börsenkrach von 1929 ins Stocken geraten war, sahen die Bewohner der Ostkantone, wie das Wirtschaftsleben jenseits der Grenze seit der Machtübernahme 1933 florierte.

Am 10. Mai 1940 überfiel Hitler Belgien. »Unser Gehöft stand nah an der Grenze«, erzählt mir Frau Katharina im Pflegeheim, »ich sah die Soldaten kommen. Es wurde nicht geschossen. Sie liefen über unser Weideland.« Ein paar Tage nach dem Überfall annektierte Hitler ohne große Umstände die Ostkantone und das ehemalige Neutral-Moresnet: *Heim ins Reich* hieß das. Der Unterschied zum übrigen Belgien und den Niederlanden war nicht unwichtig. Dort handelte es sich um eine Besetzung, hier um eine Einverleibung. Das bedeutete, dass die Bewohner des Gebiets von heute auf morgen deutsche Staatsbürger waren und die jungen Männer mit der Einberufung zur Wehrmacht rechnen mussten. Als siebenunddreißigjähriger Familienvater, der bereits fünf Kinder hatte, glaubte Emil Rixen, vom Militärdienst verschont zu bleiben. In Kelmis, aber auch in Malmedy, versuchten viele junge Männer, sich der Rekrutierung zu entziehen. Ganze Netzwerke bildeten sich, um sie außer Landes zu bringen oder ihnen beim Untertauchen zu helfen. Der Klerus spielte dabei oft eine wichtige Rolle. Unter Gefahr für das eigene Leben half der Pastor von Kelmis Dutzenden jungen Männern zu entkommen und wurde dafür schließlich zum Tode verurteilt. (Bevor das Urteil vollstreckt wurde, war der Krieg zu Ende.) Doch die Zerrissenheit von 1914 bis 1918 war noch immer schmerzhaft aktuell. In ein und derselben Familie gab es junge Burschen, die sich begeistert freiwillig meldeten, um dem Führer zu dienen, während sich ihre Brüder fünf Jahre lang in einer Scheune versteckten.

In den annektierten Gebieten wurden mehr als 9000 Männer eingezogen, 3400 von ihnen fielen oder waren vermisst, und 1600 kamen als Kriegsversehrte zurück. Das Aufflackern prodeutscher Gefühle dauerte nicht lange an. Belgien oder Deutschland? Das Grenzgebiet war verwaist, verstört und wie Emil ohne verlässliche Eltern.

Erst während meiner Gespräche mit älteren Menschen wird mir klar, wie einschneidend die Annexion und die Mobilmachung gewesen sein müssen. Der Esperantist Mathieu Schrymecker verlor seinen Vater, der in der Uniform der Wehrmacht nach Tunesien geschickt worden war; vor dem Krieg war er noch belgischer Soldat gewesen. Der Heimatforscher Alfred Bertha hatte als sechsjähriges Kind seinen Vater, einen einfachen Bauern aus der Gegend von Sankt Vith, in Stalingrad verloren. Er bekommt noch immer feuchte Augen, wenn er davon spricht. Der Sprachforscher Leo Wintgens besucht bis heute jedes Jahr das Grab seines älteren Bruders in Niederkrüchten. Bis 1955 hatte die Familie gehofft, dass er aus den sowjetischen Lagern zurückkehren würde, doch schließlich stellte sich heraus, dass er bereits 1943 umgekommen war, kurz hinter der Grenze bei Roermond. Es war ihm nicht gelungen, unterzutauchen.

Im Pflegeheim Régina in Moresnet unterhalte ich mich mit dem Arbeiter Willy Nyssen. Sein Vater arbeitete vor dem Krieg noch für Vieille Montagne, in den Zinkerzgruben Schmalgraf und Lontzen, Hunderte Meter unter der Erde. Dann wurde er zur Wehrmacht eingezogen und nach Finnland geschickt. Er kam lebend zurück, wurde aber in Belgien sofort unter dem Verdacht der Kollaboration ins Gefängnis von Verviers geworfen – als sei es seine freie Entscheidung gewesen, zusammen mit den Nazis zu kämpfen! Nirgendwo in Belgien wurden mehr Verfahren gegen mutmaßliche Kollaborateure eingeleitet als in den Ostkantonen, insgesamt 15 623, ein Viertel der Bevölkerung, während der Durchschnitt im übrigen Land nur bei 4,15 Prozent lag. Und obgleich der Prozentsatz der Verurteilungen viel niedriger war (15 Prozent gegenüber 42 Prozent andernorts), war das für die gequälte Bevölkerung erneut ein Schlag ins Gesicht. Wie konnte man den Unterschied zwischen Annexion und Besetzung so außer Acht lassen? Willy Nyssens Vater wurde bald wieder freigelassen, doch das Leben war nun ein völlig anderes.

Nach dem Krieg war Schluss mit dem Bergbau. Der Betrieb rentierte sich nicht mehr. Vieille Montagne schloss in den fünfziger Jahren die Fabriktore. Eineinhalb Jahrhunderte Bergbaugeschichte, nein, tausend Jahre Zinkerzabbau, vielleicht sogar zweitausend, waren vorbei. Willy Nyssens Vater arbeitete künftig in einer Billardtuchfabrik in Verviers. Dort musste er den Billardfilz grün färben.

Und Emil? Seine Familie wächst weiter. Drei Kinder werden in den Kriegsjahren geboren, im selben Schlafzimmer wie die vorigen fünf, auch wenn ihr Geburtsort nun offiziell Kelmis und Altenberg heißt statt La Calamine. Für die erwiesene Fruchtbarkeit will die Naziregierung Mutter Jeanne das *Ehrenkreuz der Deutschen Mutter* verleihen, eine Auszeichnung für eine »arische« Frau, die besonders viele Kinder zur Welt bringt. Sie verweigert die Annahme. Was hat sie als Niederländerin, die nach Belgien gezogen ist, mit einem Führer zu schaffen, der behauptet, die Familie sei »das Schlachtfeld der Mutter«?

Die Geburt des siebten Kindes beschert ihnen allerdings ein heikles Problem. Als siebter Sohn in einer ununterbrochenen Reihe männlicher Nachkommen müsste das Kind nach alter belgischer Tradition den König als Paten bekommen und dessen Namen tragen; nur ist Kelmis kein Teil Belgiens mehr, und der König hat kapituliert. Das Kind, inzwischen 72 Jahre alt, erklärt es mir selbst: »Weil ich deutscher Staatsbürger war, wollte die Regierung, dass ich den Vornamen und die Patenschaft von Hermann Wilhelm Göring kriegen sollte.« Er zeigt mir den Brief, den sein Vater gleich nach der Geburt vom *Ortsgruppenleiter* erhielt, ein Brief mit Reichsadler, Hakenkreuz und der Grußformel *Heil Hitler*, in dem Vater Emil *recht herzlich* zur Geburt seines siebten Sohnes gratuliert wird. »Das gefiel meinen Eltern nicht, sie dachten eher an Leopold als Vorname. In der Kirche wurde ich deshalb als Leopold getauft, aber fürs Standesamt hieß ich Leo. Sie wollten nicht zu sehr provozieren.«

Das Mutterkreuz ablehnen, mitten im Krieg seinem Kind den Namen des belgischen Königs geben – so ein Verhalten war nicht ohne Risiko. Leo Rixen zeigt mir auch den Brief, der nach dem Krieg aus dem Brüsseler Königspalast kam: Obwohl an die Stelle von Leopold III. inzwischen sein Bruder Prinz Karl getreten war, wurde ihm die Patenschaft des Königs nachträglich zuerkannt, was ein Geldgeschenk von 800 Franc einschloss. So große Königstreue bei einer deutschsprachigen Familie muss belohnt werden, werden sie in Laken gedacht haben. »Von den Nazis hatte ich auch einen Scheck bekommen, den ich erst an meinem einundzwanzigsten Geburtstag einlösen durfte. Aber 1964 war der natürlich nichts mehr wert. Ich besitze ihn noch immer.«

Wir schreiben das Jahr 1943, und nach der Niederlage bei Stalingrad, wo die Wehrmacht Hunderttausende Soldaten verlor, rekrutiert

Deutschland, wo es nur geht. Sogar ein vierzigjähriger Bäcker mit einer großen Kinderschar wird noch eingezogen. Untertauchen kommt für ihn nicht infrage: Was würde dann mit seinen Kindern geschehen? Widerwillig begibt sich Emil Rixen in die Kaserne in Krefeld, dieselbe Kaserne, in der er 1923 stationiert war, nur trägt er diesmal die deutsche Uniform. An die Front wird er zunächst nicht geschickt. Seine Aufgabe besteht darin, das Lager von Gelsenkirchen zu bewachen, in dem sowjetische Kriegsgefangene und Zwangsarbeiter sind, halb verhungerte Männer, die für ein bisschen Essen Spielzeug und hölzerne Puppen schnitzen. Als eines Tages einer von ihnen flieht, betet Emil, dass sie ihn nicht lebend zu fassen bekommen, er hatte gesehen, dass die Folterwerkzeuge schon bereitlagen.

Aber dann ist es doch so weit, er muss an die Front. Die deutschen Truppen haben sich so gelichtet, dass auch Ältere, Kranke und unzureichend Ausgebildete kämpfen müssen. Es ist September 1944, drei Monate nach der Landung der Alliierten in der Normandie, und Emil wird zu einem Flecken ehemaligen Vaterlandes geschickt, ins Hohe Venn in Belgien. Die

Amerikaner sind im Anzug: Am 2. September haben sie die französisch-belgische Grenze überschritten, am 4. September haben sie Brüssel befreit. Die Hauptstadt befindet sich tagelang in einem trunkenen Taumel von Musik, Gesang, Schokolade und neuen Körpern. Emil aber steht in einer unendlichen Landschaft mit Heide und Wollgras. Die Stille, die dunklen Fichtenwälder in der Ferne, der rostfarbene kleine Fluss zu seinen Füßen. Dass diese Welt schon immer vorhanden war, ist unbegreiflich, dass hier der Nebel über der sumpfigen Stille schwebte, wenn er in aller Frühe die Brote in den glühenden Ofen schob. Sein Blick schweift ins Weite. Ein Birkhuhn fliegt vorüber. Er denkt an zu Hause, an die Bäckerei, an seine Familie. An die Amerikaner, die im Anmarsch sind.

Dann trifft er eine Entscheidung. Desertieren hätte er es nicht zu nennen gewagt. »Als sich alle anderen zurückzogen, bin ich dem Feind entgegengegangen!«, wurde sein Standardwitz in den Nachkriegsjahren. Beim Hochmoor am Mont Rigi verdrückt er sich. Er streift durch die Wälder, schläft in einem Heuschober. Wenn ihn deutsche Soldaten ergreifen, werden sie ihn standrechtlich erschießen. Wenn ihn Amerikaner entdecken, werden sie auf ihn anlegen. Er muss sich unbedingt Zivilkleidung beschaffen, wie lange kann er noch in dieser Wehrmachtsuniform herumlaufen? Eine Familie in Baelen schenkt ihm eine Hose, ein Hemd, ein paar Wollsachen. In diesem Moment weiß er noch nicht, dass seine Frau Jeanne daheim Besuch von zwei deutschen Polizisten bekommen wird. Sie verhören sie und die Kinder und sagen ihnen, dass ihr Vater mit der Kugel rechnen kann.

Erst als die Amerikaner die Deutschen zurückgedrängt haben, traut sich Emil, nach Hause zu gehen. Das Wiedersehen muss überschwänglich gewesen sein, doch die Euphorie der Befreiung ist in Kelmis und den Ostkantonen weniger ausgeprägt als im übrigen Europa. Dafür wurde die Gegend zu viel hin und her gerissen zwischen Ost und West. Unterdessen lauert der Widerstand auf alle, die – ob freiwillig oder unfreiwillig – auf deutscher Seite gekämpft haben. Kurz nach der Befreiung verfügt die belgische Polizei nur über jeweils eine Feuerwaffe für zwei Gendarmen. Die Verhaftung von Kollaborateuren wird deshalb im

Wesentlichen durch Mitglieder ehemaliger Widerstandsorganisationen vorgenommen, mit den entsprechenden Auswüchsen. Zeit für Differenzierungen gibt es nicht, den Willen dazu noch weniger. In den deutschsprachigen Gebieten ist die Bestrafung von Kollaborateuren nicht gerade milde.

»Er war schon wieder zu Hause!«, erzählen mir seine betagten Söhne im Wohnzimmer, »er war hier!« Emil war fast ein Jahr lang von zu Hause fort. Kurz nachdem er zu seiner Familie zurückgekehrt ist, wird er von einer Untergrundorganisation verhaftet, die sich »l'Armée blanche« nennt. Janny und Jacky sind zu diesem Zeitpunkt Jungs von neun und acht Jahren. »Sie haben ihn nach dem Konsum mitgenommen, dem Laden von Vieille Montagne. Dort haben sie ihn im Lager eingesperrt, zusammen mit vielen anderen. Weil er ein deutscher Soldat gewesen war.«

»Wir sind hingegangen und haben durchs Fenster geschaut.« »Ja, wir haben ihn durchs Fenster gesehen.«

»Wir haben ihm gewinkt.«

»Ja, wir haben gewinkt und gestikuliert. Vor dem Fenster waren Gitterstäbe.«

»Und später haben wir gesehen, wie sie ihn in einem LKW abtransportiert haben.«

Schnee, Schnee und Schnee. Deutschland schien besiegt, doch am 16. Dezember 1944 setzte von Rundstedt alles auf eine letzte verzweifelte Operation und versuchte, zum Hafen von Antwerpen vorzustoßen. Die Ardennenoffensive, bei der Bastogne belagert und Sankt Vith zerstört wurde, kostete innerhalb eines Monats Zehntausende Soldaten das Leben. Alfred Bertha, der Heimatforscher, dessen Vater in Stalingrad umgekommen war, erlebte es aus nächster Nähe.

> Ich war damals acht Jahre alt. Schule gab es nicht. Wir gingen los, um uns die Toten anzusehen, ich und meine Brüder. Ich sehe die Bilder noch vor mir. Eine Wiese mit einer Weißdornhecke. Etwa zweihundert Meter entfernt lagen drei Tote. Ein Deutscher mit abgeschossenem Fuß, der noch versucht hatte, sich selber zu verbinden. Ein anderer Deutscher mit einer Kugel im Herzen. Ein kleines Stück weiter ein Amerikaner mit zwei Löchern im Kopf, Kugel rein, Kugel raus. Wir taten so, als wären wir Ärzte, wir Kinder, und dann leerten wir ihre Taschen. Chesterfield, Camel … Die haben wir aufgeraucht.

Er ist jetzt fast achtzig. Er will noch etwas sagen.

> Meine Frau kannte ich schon aus der Grundschule. Ihre Mutter ist in der letzten Phase der Ardennenoffensive umgekommen. Das Haus lag zwischen zwei Feuern. Sie wollte zu den Amerikanern flüchten, hundert Meter weiter, aber sie wurde von einer Granate getroffen. Sie verlor einen Arm und lag stundenlang im Schnee. Die Amerikaner haben noch versucht, sie zu retten, aber jede Hilfe kam zu spät.

Unterdessen lernt Emil die Amerikaner auf ganz andere Weise kennen. Der Widerstand übergibt ihn den Befreiern. Er ist offenkundig nicht als Belgier unter dem Verdacht der Kollaboration inhaftiert, sondern als Deutscher im Dienst der Wehrmacht. Was auch zutrifft. Ohne jemals umgezogen zu sein, war er Einwohner eines neutralen Mikrolandes, Untertan des deutschen Kaiserreichs, Bürger des Königreichs Belgien und Staatsangehöriger im Dritten Reich. Bevor er wiederum Belgier werden wird, sein fünfter Wechsel der Staatsangehörigkeit, wird er als deutscher Kriegsgefangener abgeführt. Er hat keine Grenzen überschritten, die Grenzen sind über ihn hinweggegangen.

Der LKW bringt ihn zum Bahnhof von Verviers. Er wird nach Frankreich geschickt, nach Compiègne, und von dort aus nach Cherbourg im äußersten Winkel der Normandie. Cherbourg, die zugige Hafenstadt am Atlantik, ist die Stadt, in der die Amerikaner nach dem D-Day ihre ersten großen Lager für deutsche Kriegsgefangene errichtet haben. Durch den raschen Vormarsch der Alliierten nimmt die Zahl der Gefangenen schnell zu. Auf dem gesamten französischen Territorium sind es fast eine Million Deutsche. Allein in der Gegend von Cherbourg sind, verteilt auf fünf Lager, 270 000 interniert. Emil Rixen ist einer von ihnen. Anfangs schlafen die Gefangenen in Zelten aus Segeltuch, nach einiger Zeit bauen sie sich selbst provisorische Hütten aus Brettern, Pappkarton, Wellblech und Erde. Die Lebensbedingungen sind erbärmlich. Die Männer tragen ihre alten, zerschlissenen Uniformen und kaputten Stiefel, aber nicht einmal das besitzt Emil: Er war in Zivil, als er verhaftet wurde. Alte amerikanische Armeejacken werden ausgeteilt, Schuhe geflickt. Sie leben zu sechst in einer Hütte. Die Bewohner fabrizieren aus alten Ölfässern und metallenen Soldatentruhen schlecht ziehende kleine Öfen. Der Wind, der vom Ärmelkanal her weht, pfeift durch die Ritzen, der Regen sickert durchs Dach. Bronchitis und Lungenentzündung sind die häufigsten Krankheiten.

Da Frankreich Hunderttausende Männer verloren hat, will Charles de Gaulle die Kriegsgefangenen als Arbeitskräfte einsetzen. Sie müssen sich in Reihen zur Anmeldung aufstellen, es ist wie auf einem Sklavenmarkt. Sie bauen im Hafen, räumen Schutt und Trümmer, sie begraben Tote und Gliedmaßen und müssen beim Minenräumen helfen. Deutsche Soldaten, die nach der Niederlage noch deutsche Minen räumen müssen. Woche für Woche gibt es Tote. Wenn die Gefangenen nach einem Arbeitstag in offenen Bahnwaggons zum Lager zurückgebracht werden, bewirft die ausgehungerte lokale Bevölkerung sie mit Steinen, nun ja, die Leute haben schon für sich selber kaum was zu essen.

Und da kauert er nun, Emil, inmitten deutscher Soldaten und ehemaliger Nazis, obwohl er seinen Sohn nach dem belgischen König genannt hat und obwohl sich seine Frau geweigert hat, das Mutterkreuz anzunehmen. Da kauert er nun, der Mann, der in der belgischen Armee Deutschland mit besetzt hat, das uneheliche Kind, der Mann, dessen Identität so oft wie ein Klumpen Zinkerz geschmolzen und umgeschmolzen wurde, dass ihm nur fatalistische Resignation bleibt. Ein moderner Hiob, hart geschlagen und heimgesucht von der Geschichte. Da kauert Emil, ein alter Mann von zweiundvierzig, unter einer Decke, hustend und durchgefroren.

Im Wohnzimmer ist es still geworden, mein Tee ist kalt. Emils Kinder haben mir sein ganzes Leben erzählt, doch über die sieben Monate in Cherbourg sagen sie nur: »Vater hat wenig von dieser Zeit erzählt. Es war eine schreckliche Zeit.« Zwei Jahre nach seiner Heimkehr aus Cherbourg schließt er die Bäckerei und zieht mit seiner Familie in die Patronagestraße, in das Haus, wo ich nun zuhöre und mir Notizen mache. Drei weitere Kinder werden geboren, und er arbeitet in einer Textilfabrik in Verviers. Die Arbeit selbst verachtet er, aber er verdient dort mehr als mit der Bäckerei. 1952 muss er aufhören. Lunge und Herz machen ihm Probleme, Verschleiß. Künftig wird er seine Tage am Fenster verbringen, Gemüse für das Mittagessen schnippeln. Und während Kelmis und die früheren Ostkantone wieder Teil Belgiens werden und seit 1962 ein offizielles deutsches Sprachgebiet besteht und in den Jahren darauf die deutschsprachige Gemeinschaft immer mehr politische Rechte erhält, ziehen die Jahre am Fenster langsam vorbei.

Ich setze zurück und parke auf dem Seitenstreifen. Gestern Abend war ich bei der Sitzung des Gemeinderats von Kelmis dabei. Die Tagesordnung war auf Französisch und Deutsch abgefasst, beraten wurde auf Deutsch und im Dialekt. Es ging um die Aufnahme einiger Flüchtlinge. Die deutschsprachige Gemeinschaft zählt 70 000 Einwohner. Sie hat ein eigenes Parlament, eine eigene Zeitung und einen eigenen Rundfunksender. *GrenzEcho* ist ein hervorragendes Tageblatt, der BRF (Belgischer Rundfunk) ist ein Radiosender, den ich gern beim Autofahren höre. Ich stelle den Motor ab. In den vergangenen Tagen habe ich mich mit den Menschen hier unterhalten und verschiedene Orte aufgesucht. Von der industriellen Vorgeschichte ist in der Gegend kaum noch etwas wiederzufinden. Kelmis scheint ein Dorf wie jedes andere zu sein. Es gibt eine *Schießbahn* und einen *Seniorentreff*, einen Kieferorthopäden und einen Laden für Geschenkartikel.

Das Leben geht seinen ruhigen Gang. Die Leute sprechen sich – anders als in Flandern und den Niederlanden – mit dem Nachnamen an, Herr und Frau Soundso, und der Dorfpfarrer ist der Herr Pastor. Frauen, die seit Jahrzehnten nebeneinander wohnen, begrüßen sich am Briefkasten aufgeräumt mit *Frau Nachbarin*. Neben die Haustür werden nach altem deutschen Brauch am Dreikönigstag die neue Jahreszahl und die Initialen von Caspar, Melchior und Balthasar mit Kreide geschrieben, um den Segen für das neue Jahr zu erbitten.

Auf dem Rand des Kofferraums ziehe ich meine Wanderstiefel an. Es ist kalt. Ich schließe die Wagentüren, gehe durchs nasse Gras und klettere über einen Zaun. Unten im Tal der Göhl liegt das Dorf. Hier war früher die Grube Schmalgraf. Davon ist fast nichts mehr zu sehen. Dass hier einst Hunderte Menschen gearbeitet haben, ich versuche, es mir vorzustellen. Im Wald finde ich ein paar Mauerreste und eine Betonplatte, wo früher ein dreihundert Meter tiefer Schacht war. Ich gehe zurück.

Auf den umliegenden Wiesen wird im Frühjahr wieder das Galmeiveilchen blühen, die äußerst seltene Pflanze, die nur auf diesem zinkreichen Boden gedeiht. Nirgendwo anders auf der Welt kommt sie vor. *Viola calaminaria*, ein wunderschönes gelbes Blümchen im Gras. Aber jetzt noch nicht. Jetzt ist es Winter, und der erste Schnee fällt.

Brüssel, Kuregem, 7. Dezember 2015

Dank

Emil Rixens Lebensgeschichte kam mir zum ersten Mal zu Ohren, als seine Enkeltochter Katja Rixen sie mir in kurzen Zügen bei einer Begegnung im Agora-Theater in Sankt Vith erzählte. Sie arbeitete an diesem wunderbaren Ort, ich gab dort eine Lesung. Ich schulde ihr Getränkebons bis in alle Ewigkeit. Katja war so freundlich, mich mit ihren Onkeln Janny, Jacky und Leo sowie ihrer Tante Betty bekannt zu machen, vier von Emils Kindern, die noch immer in Kelmis wohnen. Ihnen bin ich sehr dankbar für die Geschichten und die Dokumente, die sie mir so großzügig überlassen haben. Auch danach hat mir Betty Rixen noch viele Fragen mit großer Geduld und Hilfsbereitschaft beantwortet.

Den Heimatforschern Alfred Bertha, Leo Wintgens und Firmin Pauquet danke ich für ihre vielseitigen Beiträge, die aus Gesprächen, Führungen oder Publikationen bestanden. Mit Alfred Bertha habe ich einige ergreifende Momente geteilt. Mathieu Schrymecker ließ mich voller Begeisterung an seinem Wissen über das Esperanto teilhaben. Isabelle Weykmans, Vize-Ministerpräsidentin der deutschsprachigen Gemeinschaft, brachte mich in Kontakt mit dem Historiker Alfred Minke, ehemaliger Archivar und emeritierter Professor, der mich zu einem sehr informativen und beflügelnden Gespräch bei sich zu Hause in Eupen empfing.

Ich danke allen Menschen, die ich für dieses Buch interviewen durfte, insbesondere den Bewohnerinnen und Bewohnern und den Angestellten der Pflegeheime Katharinenstift in Walhorn und Résidence Régina in Moresnet-Chapelle. Mein besonderer Dank gilt Fatma Girretz, meiner ältesten und nach wie vor besten Freundin im deutschsprachigen Belgien.

Verwendete Literatur

Die wichtigste Studie über Neutral-Moresnet stammt von Firmin Pauquet: »Le territoire contesté de Moresnet, dit Moresnet neutre. Notes historiques sur son statut, sa législation et son administration«, in: *Bulletin de la Société verviétoise d'Archéologie et d'Histoire* 47/1960, S. 53-153. Louis Malvoz fasste sie später zusammen in »Het neutrale gebied van Moresnet«, in: *Driemaandelijks Tijdschrift van het Gemeentekrediet van België* 144/1983, S. 69-94, siehe dazu außerdem Germain Pirlot, *Coup d'œil sur Moresnet Neutre, 1816-1919*, Ostende 1987. Dieses letzte, im Eigenverlag erschienene Büchlein erwähne ich nicht nur, weil es sich um eine zweisprachige Ausgabe in Französisch und Esperanto handelt, sondern vor allem, weil der Autor, ein französischsprachiger Bürger der Stadt Ostende, der allerorts vergessene Erdenker des Wortes »Euro« ist. Es ist kaum bekannt, aber der Esperanto-Gedanke lebt in dem Namen der Währung fort, die wir täglich benutzen.

Die Fotobände von Iwan Jungbluth (*Der*

Bärrech, die Neutralität, der Schmuggel, Eupen: GEV 2012) und Leo Wintgens (*Neutral-Moresnet-Neutre. Ursprung der Vieille-Montagne*, Eupen: GEV 1981; *Neutral-Moresnet-Neutre. Echos aus einem europäischen Kuriosum*, Aachen: Helios 2010) verschafften mir viele Einblicke in Handel und Wandel im neutralen Gebiet. Reichhaltige Informationen zur Sozialgeschichte verdanke ich Herbert Rulands *Zum Segen für uns alle. Obrigkeit, Arbeiterinnen und Arbeiter im deutsch-belgischen Grenzland* (1871-1914) (Eupen: GEV 2000) und Firmin Pauquet et al., *Arbeit, Kampf und Glaube. Ein Beitrag zur Sozialgeschichte und zum Werdegang der Christlichen Arbeiterbewegung im Kelmiser Raum* (Verviers: Bezirkssekretariat der Christlichen Gewerkschaft 1987). Eine hervorragende Einführung in die politische Geschichte des gesamten deutschsprachigen Gebiets stammt von Alfred Minke: »Les Cantons de l'Est et les Belges germanophones«, in: Luc Courtois, Jean Pirotte und Sofia Lemaître (Hg.), *Apports de l'histoire aux constructions identitaires. Appartenances, frontières, diversité et universalisme* (Louvain-la-Neuve: Fondation wallonne P.-M. et J.-F.

Humblet 2013); vgl. zur Zwischenkriegszeit Heinz Warny, *Belgiens »wiedergefundene Brüder«: Eupen-Malmedy 1920-1940 im Brüsseler Parlament* (Eupen: GEV 2012); Bruno Kartheuser, *De jaren 30 in Eupen-Malmédy* (Sankt Vith: Krautgarten 2001). Selm Wenselaers verfasste mit *De laatste Belgen: een geschiedenis van de Oostkantons* (Antwerpen: Manteau 2008/Amsterdam: Meulenhoff 2008) ein ausgezeichnetes Buch über die Region.

Sehr viel lernte ich bei einem Besuch des Göhltalmuseums in Kelmis, eines Museums, das in den kommenden Jahren erweitert werden und in die alten Verwaltungsgebäude von Vieille Montagne umziehen wird. Websites wie grenspalen.nl weckten mit ihren Abbildungen und Beschreibungen meine Begeisterung. Details über die Gefangenenlager bei Cherbourg entnahm ich dem hervorragenden Bericht über die archäologischen Grabungen von François Fichet de Clairfontaine: »Le camp de travail de prisonniers de guerre allemands 112 A«, in: *Archéologie en Basse-Normandie* 2 (Oktober 2013), der auch online verfügbar ist. Den Gedanken, dass Grenzen über Menschen hinweggehen können, fand ich in Rogers Brubakers Aufsatz »Migration, membership and the modern nation-state: internal and external dimensions of the politics of belonging«, in: *Journal of Interdisciplinary History* 41/1 (Sommer 2010), S. 61-78. Peter Vermeersch machte mich darauf aufmerksam.

Und dann sind da natürlich die literarischen Texte. Die Schriften und Theatertexte des viel zu jung verstorbenen Marcel Cremer, des Gründers des Agora-Theaters, sind bis heute ein phantastischer Dialog mit der Vergangenheit. Die Sammlung *Der unsichtbare Zuschauer* (Sankt. Vith: Agora-Theater 2006, neu aufgelegt 2015) ist eine lohnende Lektüre. Daneben ist *Le carnaval des ombres*, ein umjubelter Theatermonolog von Serge Demoulin (Premiere 2. Februar 2012, Malmedy), ein sehr gelungener Versuch, die schmerzliche Kriegsvergangenheit der Gegend aufzuarbeiten. Die Theatergruppe Wunderbaum brachte 2014 in der Rotterdamer Schouwburg *Amikejo* als einmalige Aufführung auf die Bühne. Unter dem Titel *De kansstraat* arbeitet Matthijs de Ridder an einem Roman, dessen Handlung in Neutral-Moresnet spielt; ein Vorabdruck erschien in der Zeitschrift *nY* (Nummer 17,

April 2013) unter dem Pseudonym Arthur Matthijs.

»Europa« in der edition suhrkamp Eine Auswahl

Juri Andruchowytsch/Andrzej Stasiuk. Mein Europa. Übersetzt von Sofia Onufriv und Martin Pollack. es 2370. 160 Seiten

Die europäische Stadt. Herausgegeben von Walter Siebel. es 2323. 480 Seiten

Fluchtpunkt Europa. Migration und Multikultur. Herausgegeben von Martina Fischer. Mit Tabellen und Graphiken. es 2062. 248 Seiten

György Konrád. Antipolitik. Mitteleuropäische Meditationen. Übersetzt von Hans-Henning Paetzke. es 1293. 224 Seiten

Lateinamerikaner über Europa. Herausgegeben von Curt Meyer-Clason. es 1428. 248 Seiten

Thomas Meyer. Die Identität Europas. es 2355. 240 Seiten

Cees Nooteboom. Wie wird man Europäer? Übersetzt von Helga van Beuningen. es 1869. 92 Seiten

Die Türkei und Europa. Die Positionen. Herausgegeben von Claus Leggewie. es 2354. 300 Seiten

NF 348/1/3.04

edition suhrkamp
Eine Auswahl

Giorgio Agamben. Herrschaft und Herrlichkeit. Zur theologischen Genealogie von Ökonomie und Regierung. es 2520. 360 Seiten

Giorgio Agamben et al. Demokratie? Eine Debatte. es 2611. 137 Seiten

Jakob Arnoldi. Alles Geld verdampft. Finanzkrise in der Weltrisikogesellschaft. es 2590. 92 Seiten

Wolfgang Bauer. Über das Meer. Mit Syrern auf der Flucht nach Europa. es-Sonderdruck. 133 Seiten

Zygmunt Bauman / David Lyon. Daten, Drohnen, Disziplin. Ein Gespräch über flüchtige Überwachung. es 2667. 204 Seiten

Ingolfur Blühdorn. Simulative Demokratie. Neue Politik nach der postdemokratischen Wende. es 2634. 304 Seiten

Hauke Brunkhorst. Das doppelte Gesicht Europas. Zwischen Kapitalismus und Demokratie. es 2676. 212 Seiten

Susan Buck-Morss. Hegel und Haiti. Für eine neue Universalgeschichte. es 2623. 221 Seiten

Colin Crouch
- Postdemokratie. es 2540. 159 Seiten
- Das befremdliche Überleben des Neoliberalismus. Postdemokratie II. es-Sonderdruck. 247 Seiten

NF 383/1/3.16

Matthias Dusini / Thomas Edlinger. In Anführungszeichen. Glanz und Elend der Political Correctness. es 2645. 297 Seiten

Thomas Edlinger. Der wunde Punkt. Vom Unbehagen an der Kritik. es 2693. 317 Seiten

Heiner Flassbeck. Zehn Mythen der Krise. edition suhrkamp digital. 59 Seiten

Mischa Gabowitsch. Putin kaputt!? Russlands neue Protestkultur. es 2661. 438 Seiten

Mark Greif. Bluescreen. Essays. es 2629. 231 Seiten

Jürgen Habermas. Im Sog der Technokratie. Kleine politische Schriften XII. es 2671. 193 Seiten

Paul-Philipp Hanske / Benedikt Sarreiter. Neues von der anderen Seite. Die Wiederentdeckung des Psychedelischen. es-Sonderdruck. 327 Seiten

David Harvey. Rebellische Städte. es 2657. 283 Seiten

Wilhelm Heitmeyer (Hg.). Deutsche Zustände. Folge 10. es 2647. 335 Seiten

Claudia Honegger / Sighard Neckel / Chantal Magnin (Hg.). Strukturierte Verantwortungslosigkeit. Berichte aus der Bankenwelt. es 2607. 395 Seiten

Axel Honneth. Vivisektionen eines Zeitalters. Porträts zur Ideengeschichte des 20. Jahrhunderts. es 2678. 307 Seiten

Eva Illouz. Israel. Soziologische Essays. es 2683. 228 Seiten

NF 383/2/3.16

Thomas Kapielski
- Je dickens, destojewski. Ein Volumenroman. es 2694. 455 Seiten
- Mischwald. es 2597. 347 Seiten
- Sezessionistische Heizkörperverkleidungen. es 2680. 214 Seiten

Cornelia Koppetsch / Sarah Speck. Wenn der Mann kein Ernährer mehr ist. Geschlechterkonflikte in Krisenzeiten. es 2701. 296 Seiten

Benjamin Kunkel. Utopie oder Untergang. Ein Wegweiser für die gegenwärtige Krise. es 2687. 245 Seiten

Philipp Lepenies. Die Macht der einen Zahl. Eine politische Geschichte des Bruttoinlandsprodukts. es 2673. 186 Seiten

Oliver Lepsius / Reinhart Meyer-Kalkus (Hg.). Inszenierung als Beruf. Der Fall Guttenberg. es-Sonderdruck. 215 Seiten

Markus Metz / Georg Seeßlen
- Blödmaschinen. Die Fabrikation der Stupidität. es 2609. 780 Seiten
- Geld frisst Kunst – Kunst frisst Geld. Ein Pamphlet. es 2675. 496 Seiten

Thomas Meyer. Die Unbelangbaren. Wie politische Journalisten mitregieren. es 2692. 185 Seiten

Danny Michelsen / Franz Walter. Unpolitische Demokratie. Zur Krise der Repräsentation. es 2668. 411 Seiten

Stephan Moebius / Markus Schroer (Hg.). Diven, Hacker, Spekulanten. Sozialfiguren der Gegenwart. es 2573. 473 Seiten

NF 383/3/3.16

Chantal Mouffe. Agonistik. Die Welt politisch denken. es 2677. 214 Seiten

Franco Moretti. Kurven, Karten, Stammbäume. Abstrakte Modelle für die Literaturgeschichte. es 2564. 138 Seiten

Jan-Werner Müller. Was ist Populismus? Ein Essay. es-Sonderdruck. 159 Seiten

Sighard Neckel / Greta Wagner (Hg.). Leistung und Erschöpfung. Burnout in der Wettbewerbsgesellschaft. es 2666. 219 Seiten

Barbara Nolte / Jan Heidtmann. Die da oben. Innenansichten aus deutschen Chefetagen. es 2599. 202 Seiten

Claus Offe. Europa in der Falle. es 2691. 188 Seiten

Miltiadis Oulios. Blackbox Abschiebung. Geschichte, Theorie und Praxis der deutschen Migrationspolitik. es-Sonderdruck. 483 Seiten

Volker Perthes. Das Ende des Nahen Ostens, wie wir ihn kennen. es-Sonderdruck. 143 Seiten

Katharina Raabe / Manfred Sapper (Hg.). Testfall Ukraine. Europa und seine Werte. es-Sonderdruck. 256 Seiten

Hanno Rauterberg
- Wir sind die Stadt! Urbanes Leben in der Digitalmoderne. es 2674. 156 Seiten
- Die Kunst und das gute Leben. Über die Ethik der Ästhetik. es 2696. 205 Seiten

NF 383/4/3.16

César Rendueles. Soziophobie. Politischer Wandel im Zeitalter der Utopie. es 2690. 262 Seiten

Frank Schirrmacher (Hg.). Technologischer Totalitarismus. Eine Debatte. es-Sonderdruck. 282 Seiten

Frank Schirrmacher / Thomas Strobl. Die Zukunft des Kapitalismus. es 2603. 198 Seiten

Ulrich Schmid. Technologien der Seele. Vom Verfertigen der Wahrheit in der russischen Gegenwartskultur. es 2702. 386 Seiten

Michel Serres. Erfindet euch neu! Eine Liebeserklärung an die vernetzte Generation. Übersetzt von Stefan Lorenzer. es-Sonderdruck. 76 Seiten

Carlo Strenger. Zivilisierte Verachtung. Eine Anleitung zur Verteidigung unserer Freiheit. es-Sonderdruck. 103 Seiten

Mark Terkessidis
- Interkultur. es 2589. 220 Seiten
- Kollaboration. es 2686. 331 Seiten

Kevin Vennemann. Sunset Boulevard. Vom Filmen, Bauen und Sterben in Los Angeles. es 2646. 184 Seiten

Raul Zelik. Der Eindringling. Roman. es 2658. 288 Seiten

Slavoj Žižek. Auf verlorenem Posten. es 2562. 319 Seiten

Gabriel Zucman. Steueroasen. Wo der Wohlstand der Nationen versteckt wird. Übersetzt von Ulrike Bischoff. es-Sonderdruck. 118 Seiten

NF 383/5/3.16